LA JOLIE FERME,

OU

LA VERTU RÉCOMPENSÉE,

par

Mme Guénard, B^{ne} de Méré,

SUIVIE DES

HISTORIETTES D'UN ERMITE,

PAR LE CH^{er} A***.

2e ÉDITION,

Ornée de six Gravures.

———

PARIS.

CADEAU, libraire, quai des Augustins, 25.
LOCARD-DAVI, rue de la Huchette, 29.

—

1837.

LA
JOLIE FERME

OU

LA VERTU RÉCOMPENSÉE.

VERSAILLES. — IMPRIMERIE DE MARLIN.

HISTORIETTES D'UN ERMITE.

l'Innocence justifié.

LA
JOLIE FERME

ou

LA VERTU RÉCOMPENSÉE,

par

𝔐ᵐᵉ 𝔊uénard, 𝔅ⁿᵉ de 𝔐érée.

SUIVIE DES

HISTORIETTES D'UN ERMITE,

PAR LE CHᵉʳ A***.

2ᵉ ÉDITION,

Ornée de six Gravures.

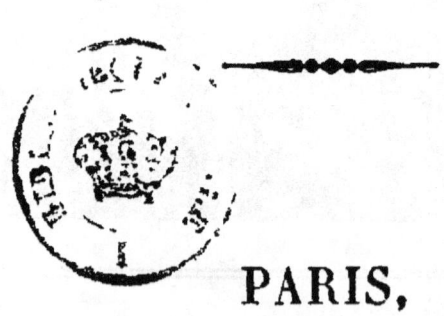

PARIS,

CADEAU, libraire, quai des Augustins, 25.
LOCARD-DAVI, libraire, rue de la Huchette, 29, au premier.

1837.

DÉDIÉE

A MON ARRIÈRE-PETITE-FILLE,

MADEMOISELLE

LOUISE DE M***.

———

Tu ne fais, ma chère petite-fille, que d'entrer dans la carrière de la vie, et moi je touche à sa fin, que je vois approcher avec calme, comme le soir d'un beau jour. Cependant j'éprouve une grande satisfaction à te dédier ce petit livre, doux fruit de mes veilles, dans une langue que, quoique bien jeune, tu parles avec autant de facilité que celle de ton père. Vos livres sont utiles à nos enfans : ils y puisent ces excellens préceptes de morale, mis à la portée de leur âge, et rendus plus évidens par les exemples qui servent à les développer. Puisse celui-ci, en paraissant avec ton nom, l'être aux enfans Anglais! c'est le vœu le plus ardent de mon cœur; et qu'après plusieurs générations, on dise : Une Française écrivit ces pages intéressantes pour l'instruction et l'amusement de miss M***, qui, avant six ans, était en état de les lire; et ton exemple encouragera tes jeunes compatriotes à apprendre le français, comme vos jolis ouvrages, pour l'éducation, font désirer à nos enfans de savoir l'anglais. C'est donc à toi que je recommande le succès de cette faible production, qui n'a d'autre mérite que d'être un témoignage sincère de ma tendresse pour toi.

Mais cette recommandation me paraît inutile, si je juge ton cœur d'après le mien; d'ailleurs, tu m'as donné des preuves non équivoques de tes sentimens : c'est une consolation, dans mes derniers jours, de pouvoir encore exciter l'intérêt de ceux que l'on aime!

J'aurais pu faire ma dédicace un peu plus longue; je ne l'ai pas voulu, parce que je sais qu'une éloquence verbeuse est rarement l'expression du sentiment.

LA JOLIE FERME

ou

LA VERTU RÉCOMPENSÉE.

―――⋄―――

Il est pour les Etats, comme pour les individus, des époques mémorables, soit en bien, soit en mal, qui changent la constitution des uns et des autres : tel fut en France le temps dont on garde la mémoire sous le nom du *système* (1). Ce

―――――――――――――――――

(1) Opération de banque qui donna une valeur fictive à un papier qui s'éleva tellement au-dessus de sa valeur réelle, qu'avec fort peu d'argent qu'il avait coûté, on achetait des maisons, des terres, des bijoux, des diamans. On remboursa des sommes considérables, et il se trouva que ceux qui avaient, n'eurent plus rien, et ceux qui n'avaient pas, accumulèrent des richesses immenses.

temps suivit immédiatement celui du grand siècle. Louis XV monta sur le trône à l'âge de cinq ans: ce fut sous la régence de M. le duc d'Orléans, neveu de Louis XIV, que l'on vit s'élever tout-à-coup, par le *système*, des fortunes colossales, et s'anéantir une grande partie de celles qui avaient brillé jusqu'à cette époque.

M. le comte de Régeville, maréchal-de-camp, cordon rouge, possédait la belle terre de Saint-Lô, entre Rouen et le Hâvre. Il avait quitté le service, et s'était retiré, ainsi que sa femme, belle et vertueuse, dans son château, avec la ferme résolution d'y fixer leur séjour, et d'y élever les enfans que le Ciel leur avait donnés, pour les préserver ainsi de la corruption du siècle, qui alors était grande. Madame de Régeville avait donné à son époux quatre enfans, deux fils et deux filles. Mélanie était l'aînée; elle venait d'avoir treize ans quand M. et madame de Régeville quittèrent Paris pour se retirer à Saint-Lô.

son frère Edouard en avait douze; Charles, leur second fils, onze; et Sophie, la dernière de tous, n'en avait pas encore sept accomplis.

Avant de quitter la capitale, M. de Régeville obtint d'un digne ecclésiastique, nommé M. Balet, savant modeste, et dont les mœurs étaient aussi pures que douces, de ne point abandonner ses élèves, dont, conjointement avec leur père, il avait commencé l'éducation ; ce digne instituteur y consentit avec joie, ayant le plus grand attachement pour toute la famille. Madame de Régeville ne voulut être secondée auprès de ses filles que dans des soins subalternes: elle connaissait le danger de s'en rapporter à une autre pour former le cœur et l'esprit de jeunes personnes, qui ne doivent rien aimer à l'égal de leur mère, et surtout n'accorder leur confiance qu'à celle qui a un si grand intérêt à leur bonheur et à leur bonne conduite. Elle se contenta donc d'amener avec elle des femmes de chambre, vertueuses et intelligentes.

Le comte avait eu le bon esprit de ne donner dans aucunes spéculations, et le bonheur qu'on ne lui fît point de remboursement en papier ; de sorte que sa fortune était restée intacte : il n'avait pas même, comme tous les habitans de Paris, perdu son argent comptant (1). Ayant depuis plusieurs années le projet de se retirer à Saint-Lô, il y avait fait successivement passer ses économies, avec ordre de s'en servir pour acheter des jumens et un superbe cheval arabe, afin de former un haras (2). Ainsi, lorsqu'il partit le pre-

---

(1) Au moment du *système*, il fut défendu d'avoir plus de 300 livres en espèces chez soi, sous peine de confiscation. On était obligé de porter son or ou son argent à la banque, qui vous donnait des papiers que l'on discréditait ensuite.

(2) Lieu où l'on élève des chevaux : ceux de Normandie sont les plus estimés.

mier mai 1721, il avait quatre-vingt-dix mille livres de rentes, et pour plus de trois cent mille francs de bestiaux, de grains, d'équipages, d'argenterie, de meubles, de linge, de dentelles, de diamans, de bijoux, qui alors passaient d'une génération à l'autre; de sorte, qu'à l'exception de la table, ils auraient pu être plusieurs années sans rien dépenser.

Saint-Lô rapportait cinquante mille livres, et devait revenir en entier à Edouard, suivant la coutume de Normandie (1); les autres quarante mille livres étaient en biens, que l'on nommait alors en *roture*: tels que maisons de ville, rentes et terres non seigneuriales, qui pouvaient être partagées également entre les enfans; tandis que les fiefs (2) n'étaient pas susceptibles

---

(1) Loi qui gouvernait spécialement cette province.

(2) Terre qui ne payait point la taille, donnait exclusivement le droit de chasse sur toutes les

d'être partagés, et appartenaient à l'aîné. Je n'entrerai point ici dans la question des avantages et des inconvéniens de la conservation des grandes propriétés qui n'intéresseraient guère nos jeunes lecteurs; mais si alors des intérêts politiques voulaient que les aînés fussent seuls grands propriétaires, la justice et la tendresse paternelle devaient désirer procurer aux cadets un dédommagement. C'est ce dont s'étaient déjà occupés M. et madame de Régeville, ayant borné leur dépense au seul revenu de Saint-Lô, et placé, depuis la naissance d'Edouard, tout l'excédant de leur revenu pour en faire un patrimoine à sa sœur, et à ceux des autres enfans qui pouvaient naître par la suite. Ainsi les filles de ce vertueux couple ne seraient pas forcées d'ensevelir leurs vertus et leurs charmes dans un cloître, ou de languir dans une

---

terres qui en relevaient, et qui allouait au possesseur du fief des redevances.

triste médiocrité. Leurs dots de 300,000 écus seront comptées d'avance; Charles ne sera ni tonsuré, ni chevalier de Malte, si tel n'est pas son goût : il prendra le parti des armes ou de la robe; et sûr d'avoir vingt-cinq mille livres de rentes, il vivra honorablement, et pourra même épouser une héritière. Ce n'était pas le seul avantage que M. et madame de Régeville trouvaient dans ce système; avec 50,000 liv., surtout dans ce temps, et vivant dans ses terres, un seigneur pouvait avoir une maison très opulente : tout ce qu'on dépense au-dessus n'est qu'un excessif superflu qui, n'ayant plus d'autres bornes que la fantaisie, finit par ruiner les fortunes les mieux établies, accoutume les enfans à ne pas connaître le prix de l'argent qu'ils voient dissiper sans mesure ; et lorsqu'ils sont appelés même au partage égal de la succession, s'ils sont nombreux, la portion qui leur revient, en supposant même que leurs parens ne se soient pas dérangés, ne leur offre qu'une fortune médiocre, en comparaison de celle dont ils jouissaient chez leurs père et mère.

M. et madame de Régeville n'avaient point cet inconvénient à redouter, et en se conformant à la loi de ces temps, qui destinait Edouard à être comte de Saint-Lô, ils pouvaient se dire : Nos autres enfans auront aussi une existence indépendante et heureuse, et prenant modèle sur l'ordre qui régnait dans leurs maisons, ils ne se regarderont que comme les économes de leurs biens, qu'ils sauront, sans avarice, améliorer et augmenter : ce que l'on ne connaît plus de nos jours, où l'on voit rarement des fortunes énormes passer à la troisième génération.

Telle était la famille dont j'ai connu, dans ma jeunesse, d'anciens amis. Un d'eux s'était plu à recueillir les traits les plus intéressans de ceux qui la composaient ; sa mémoire lui retraçant jusqu'aux expressions naïves des enfans qu'il avait vu élever sous ses yeux, il en avait fait de petites scènes dramatiques, qu'il me communiqua. Je lui demandai la permission d'en copier quelques-unes, celle de l'arrivée des enfans au château de Saint-Lô, puis une autre qu'il avait intitulée *la Jolie Ferme*. De longues années me firent oublier ce petit manuscrit. Cherchant, il y a quelque temps, à ôter de mes papiers ce grand nombre de feuilles sans intérêt, qui se glissent presque malgré nous au milieu des choses qui nous sont précieuses, j'allais en condamner un grand nombre au feu, quand je remarquai ces pages dont le papier jauni par le temps, et l'encre à demi effacée, me frappèrent, parce qu'ils paraissaient contenir des dialogues que les enfans aiment assez. J'y jetai un coup d'œil, et je me rappelai qu'ils m'avaient intéressé autrefois. Je les relus, et je vis qu'avec quelques corrections, je pouvais les offrir à cette portion de la société, qui en est l'espérance, quand elle est élevée

1.

dans l'amour de la vertu. Je crois que ces pages doivent en inspirer le goût à mes jeunes lecteurs. Puissé-je en même temps les amuser ! ce qui devient de jour en jour plus difficile.

PREMIER ENTRETIEN.

Mélanie. — Enfin, nous voilà à Saint-Lô; il y a long-temps que je le souhaitais. Je n'entendais jamais parler de cette habitation, sans avoir le plus vif désir d'y résider.

Edouard. — On a beau dire : ces allées-ci sont plus belles que les Tuileries; vois donc, ma sœur, on ne peut distinguer qui vient au bout; et puis ces jolis arbrisseaux qui sont au pied des grands arbres !

Mélanie. — Je les admirais : on dirait une jeune famille croissant sous la protection de leurs parens.

Edouard. — Oui, en voilà qui, comme

toi, s'élancent déjà au-dessus de leurs frères. Me voilà, moi, croissant près de toi, n'ayant pas encore égalé ta taille, mais destiné un jour à te surpasser ; car celui qui te ressemble n'est qu'un jeune charme, et mon image est un chêne.

Mélanie.—Tiens, mon frère, marquons-les tous deux, et demandons à papa que le jardinier les environne avec des piquets, et dans huit ou dix ans nous verrons ce qu'ils deviendront.

Edouard. — Tu as raison ; mais il faut en choisir deux aussi, un pour Charles, et l'autre pour ma petite Sophie.

Mélanie. — Rien de mieux. Tiens, celui-ci est, je crois, un tilleul ; ce sera l'arbre de notre Sophie : son feuillage est beau, ses fleurs salutaires, et il vit long-temps ; j'ai lu tout cela dans les *Jeunes Voyageurs* (1).

---

(1) *Les Jeunes Voyageurs*, ou *les Petits Botanistes*, du même auteur.

Edouard. — Ce jeune ormeau sera l'arbre de Charles. La beauté de son port, l'utilité de son bois, qui s'emploie au charronage, doit, ainsi que me l'a dit papa, le faire regarder, après le chêne, comme le plus précieux des arbres des forêts.

Ce choix fait par les aînés, ils les firent voir à Sophie et à Charles, qui en furent très contens. Les enfans allèrent chercher leur père, pour qu'il donnât ordre au jardinier d'entourer les quatre jeunes arbres d'une palissade.

M. de Régeville, réveillé de bonne heure par l'empressement qu'il avait de parcourir ses belles possessions, était au moment de sortir du parc, lorsque ses quatre enfans qui s'étaient réunis depuis six heures du matin, coururent après leur père pour lui montrer les arbres qu'ils avaient choisis.

Mélanie. — Tenez, papa, voilà nos arbres. Voulez-vous nous permettre de

LA JOLIE FERME.

Tenez, Papa, voilà nos arbres....

les faire entourer, pour qu'on ne les arrache pas ?

Le Comte. — Je vous les donne avec plaisir; mais pour que vous puissiez en jouir, il ne faut pas les laisser où ils sont; ils n'auraient pas assez d'air; le voisinage des grands est quelquefois nuisible : ces arbres à haute tige protégent, il est vrai, des intempéries ces rejetons, mais aussi ils les empêchent de croître; l'asservissement nuit toujours au développement des qualités éminentes; mais on remédiera à cet inconvénient. Pour les arbres que vous prenez sous votre protection, on les transplantera; mais voyons un peu ce qui a dirigé votre choix.

Les enfans répétèrent à leur père les raisons qu'ils avaient eues d'adopter ceux-là plutôt que d'autres. M. de Régeville les approuva : mais, Edouard, n'y a-t-il pas un peu d'orgueil dans le choix du chêne ? c'est le roi de la forêt, celui qui est destiné aux usages les plus honorables; c'est avec le chêne que l'on construit les vaisseaux, ainsi que toutes nos charpentes, les boiseries les plus solides; les meubles qui durent le plus, sont en chêne. Avec quelle majesté il s'élève dans les terrains qui lui sont propres! c'est-à-dire qui ont beaucoup de profondeur en terre végétale (1); car le chêne perce perpendiculairement la terre : c'est pourquoi on ne peut le transplanter que fort jeune. Quand il atteint le tuf, il languit et devient rabougri.

Edouard. — Le mien ne le sera pas, si on le transplante. J'aurai grand soin de lui choisir une excellente terre. Ne puis-je pas le dire tout de suite au jardinier?

Le Comte. — Tu ferais mourir ce jeune

---

(1) Celle formée par la dissolution des végétaux qui croissent, meurent et restent sur le sol, s'élève successivement, elle seule est productive; la terre franche, autrement dit le tuf, est entièrement stérile.

arbre si tu le transplantais dans ce moment;
il faut attendre l'automne.

Mélanie. — Pourquoi donc, papa ?
J'aurais cru, au contraire, que le printemps était bien meilleur; la nature a plus de force.

Le Comte. — Cela est vrai ; mais elle n'aime pas à être contrariée dans cet instant; elle fait porter la sève aux rameaux, pour qu'ils puissent se charger de fleurs, de feuilles et de fruits.

Qu'est-ce que la sève ? dit Sophie.

Le Comte. — La sève est aux arbres ce que la lymphe est au corps humain. Vous me demanderez ce que c'est que la lymphe? c'est la partie aqueuse du sang, celle dans le lait dont on fait le petit-lait, car vous savez aussi que le sang et le lait ont la même composition, c'est-à-dire la partie aqueuse, la partie caséeuse dont on fait le fromage, et la partie bitureuse qui donne le beurre. Dans les plantes, il paraît que la sève ou partie aqueuse, est le seul liquide ; elle monte et descend comme notre sang. Je ne vous expliquerai point le mécanisme de cette belle opération de la nature ; je n'en aurais pas le temps : je me bornerai à vous dire que la sève, au printemps, ne paraît employée qu'à orner les plantes, et qu'elle pénètre peu alors dans les racines : c'est ce qu'on exprime en disant la sève monte. Si à cet instant vous enlevez la plante, vous contrariez l'opération de la nature, et la plante meurt faute de suc dans les racines qui leur donne la force de pousser de nouveaux chevelus qui servent à la fixer dans la terre ; tandis qu'à l'automne on a la sève du printemps : toute l'action végétative se porte vers l'extrémité inférieure de l'arbre, et lui donne tous les moyens de supporter la transplantation. Je vous le répète : elle est toujours dangereuse pour le chêne, quand il n'est plus très jeune. Mais revenons au choix de vos arbres : il vous impose des devoirs auxquels vous n'avez peut-être pas réfléchi.

Le charme doit t'instruire, ma chère Mélanie, à te prêter à prendre les formes qui conviennent à ceux qui dirigent ton éducation. Vois ces jeunes charmilles; elles souffrent sans se plaindre que l'on retranche le luxe inutile de leurs rameaux, qu'on les redresse, qu'on les ploie, suivant la volonté du jardinier : de même une jeune personne doit avoir pour sa mère une parfaite docilité. Toi, mon fils, tu peux être, comme le chêne, le premier de ta famille ; mais, je te l'ai dit, cet arbre précieux a moins reçu cet honneur, à cause de la majesté de son port, la grande élévation où il parvient, la beauté de feuillage, que parce que son bois résiste aux intempéries de l'air et au temps; qu'il peut acquérir un beau poli sans perdre de sa solidité : ainsi l'homme appelé par son rang dans la société, pour avoir des distinctions, doit les mériter par la solidité de son jugement, sa force contre les événemens de la vie et son urbanité, qui n'ôte rien à la fermeté de son caractère. A ce prix, mon ami, le chêne sera un emblème qui te conviendra ; et toi, ma petite Sophie, toi qui ne peux encore bien comprendre ce que ces allégories ont d'intéressant pour tes aînés, vois seulement comme le tilleul est beau ; mais prends garde de n'être, comme lui, qu'un ornement presque frivole, car la longue vie n'est pas à désirer, si elle n'est pas remplie par des actions utiles. Et toi, Charles, tu dois remercier ton frère et ta sœur du choix qu'ils ont fait pour toi. L'orme croît sans orgueil et sans jalousie près du chêne. S'il n'est pas destiné, comme celui-ci, à construire ces villes flottantes qui traversent les mers, ou à élever des édifices durables, il a reçu des premiers hommes une destination bien utile. C'est l'orme qui sert aux roues des charrues, à celles des chars qui transportent les moissons, à celles de ces énormes voitures qui conduisent du nord au midi de l'Europe les productions de l'industrie; c'est encore de son tronc que se tirent ces jantes (1), maintenant si légères, et en même temps si solides, de nos brillans équipages; et lorsque ses branches ne peuvent servir au charronnage, elles alimentent nos foyers, et y donnent une chaleur plus vive qu'aucun autre bois. Sois donc utile à tes semblables, dans des fonctions moins brillantes que celle des armes, mais plus chères à l'humanité; et réchauffe-les par ton éloquence, si, comme je le présume, tu es appelé aux nobles fonctions de la magistrature. Les enfans promirent de se conformer aux instructions de leur père, et d'attendre l'automne pour replanter leurs modèles. M. de Régeville emmena ses fils dans la campagne, leurs sœurs revinrent au château attendre le réveil de leur mère, que la fatigue du

---

(1) Pièces cintrées qui forment le cercle des roues.

voyage avait fait rester plus tard que de coutume dans son lit.

DEUXIÈME ENTRETIEN.

La famille était réunie dans la salle à manger. M. et madame de Régeville, l'abbé Ralet, les quatre enfans, et le curé qui s'était empressé de venir rendre ses hommages, particulièrement au comte et à la comtesse qu'il avait complimentés la veille, au nom de ses paroissiens; ces deux ecclésiastiques étaient faits pour se convenir, parce qu'ils avaient tous deux de la piété, de l'instruction et une bienfaisance très active. Ils eurent donc bientôt fait connaissance, et ils devinrent par la suite des amis sincères. M. de Régeville interrogea le curé sur les personnes qui habitaient le village, s'il y avait beaucoup de pauvres, et ce qu'il fallait faire pour les soulager?

Le Curé. — Votre seule présence, monsieur le comte, écartera l'indigence de vos vassaux (1) : si les grands seigneurs savaient tout ce qu'ils ont à gagner en habitant leurs châteaux, on en verrait moins consommer inutilement leur fortune à la cour pour y obtenir une faveur trop souvent sujette aux changemens ; tandis qu'en versant sur les habitans des campagnes les sommes inutiles qu'ils dépensent pour obtenir un coup d'œil du maître, ils se feraient des amis de leurs pauvres voisins, qui attireraient sur eux les bénédictions célestes. Ainsi donc faites travailler nos paroissiens ; donnez des prix à ceux qui seront jugés, par des vieillards, les plus vertueux ; vous verrez bientôt disparaître l'oisiveté, et avec elle les vices qu'elle enfante, et surtout la misère. Si cependant vous avez le projet de faire

---

(1) On appelait ainsi les habitans des terres seigneuriales.

encore plus de bien à Saint-Lô, relevez le bâtiment qui était destiné aux écoles, et qui consiste en deux corps de logis avec chacun une grande cour et un jardin, et rendez-les, comme autrefois, aux enfans de saint Vincent-de-Paul.

Il y a aussi un Hôtel-Dieu; mais la dame hospitalière, qui en fait le service à présent, est vieille et infirme; il faudrait lui en adjoindre deux plus en état de soigner les malades; mais il faut pour cela ajouter au revenu, qui est à présent beaucoup trop faible, ce qui arrive toujours aux rentes payables en argent : la monnaie baisse de valeur; les denrées augmentent, et alors le revenu se trouve insuffisant.

Le Comte. — Je fonderai une rente en blé; celle-là augmente au lieu de diminuer. Quant aux écoles, nous pourrons, après déjeuner, aller voir l'ancien emplacement.

Les enfans demandèrent à accompagner leurs parens ; on le leur accorda d'autant plus volontiers qu'ils n'avaient point encore repris leurs leçons, et qu'on leur avait donné toute la semaine pour se reposer du voyage, et pour jouir des plaisirs de la douce liberté de la campagne.

En sortant de la grille, la comtesse vit une jeune personne d'environ quatorze ans, dont la figure modeste et la démarche pleine de grâces, qui ne paraissaient pas être les seules que donne quelquefois la nature, l'étonnèrent. Elle était mise comme l'est à Paris la classe au-dessus du peuple, mais avec une simplicité voisine de la pénurie. Tout ce qu'elle avait sur elle était propre, rien de décousu ni de troué ; mais on voyait que ce n'était qu'avec un soin continuel que cette jolie personne se préservait des livrées honteuses de la misère. Cette jeune fille, d'une complexion délicate, portait avec une extrême fatigue, une cruche assez lourde qu'elle venait de puiser à la fontaine. Sa sœur, beaucoup plus jeune qu'elle, voulait l'aider à la porter; mais l'aînée l'assurait que c'était impossible, et ne servirait peut-être qu'à faire casser cette cruche, qu'on aurait, tu le sais, ajouta-t-elle en baissant la voix, de la peine à remplacer.

La Comtesse. — Quels sont ces enfans?

Le Curé. — Je les connais peu; il n'y a que quelques mois qu'ils habitent ce village. Ils viennent exactement aux offices: du reste, personne n'entre chez eux, et le mari, qui est venu me faire une visite, m'a prié de ne pas la lui rendre.

La Comtesse. — Mais de quoi vivent-ils? ont-ils des revenus?

Le Curé. — La maison qu'ils occupent a un assez grand jardin qu'ils cultivent. Du reste, on ne leur connaît pas de biens ni de revenus; ils n'achètent rien à crédit, et payent exactement leur loyer. Comme ils ne reçoivent point de lettres, on ne sait pas quel peut être leur pays: je les croirais Parisiens, parce qu'ils ne me paraissent avoir aucun accent. A ce moment, la jeune fille et sa sœur passèrent devant la comtesse et sa famille; elles saluèrent avec grâce; et suivirent le chemin qui conduisait à leur maison.

Mélanie.—Ah! maman, qu'elles sont jolies! comme elles ont l'air délicates et polies.—Maman, tâche donc que nous puissions les voir; je parie qu'elles sont aimables:—Elles viendraient jouer avec nous, dit Sophie.

La Comtesse.—Vous avez entendu, mes amies, qu'il paraît que leurs père et mère ne veulent voir personne : il ne faut jamais être indiscret, même en voulant rendre service. Laissons au temps, aux circonstances, à l'estime que nous leur inspirerons, de mériter la confiance de gens qui paraissent intéresser; mais cependant, le mystère dont ils s'enveloppent doit nous rendre plus circonspects, pour faire des avances dont nous pourrions nous repentir : la prudence est une des vertus les plus essentielles dans la société.

Tout cela ne satisfaisait pas l'impatiente curiosité de Mélanie, à qui les jeunes filles de M. et madame Sauvigné (car on savait leurs noms) avaient inspiré beaucoup d'intérêt. Elle trouvait que, n'ayant point été élevées à faire de gros ouvrages, il était bien fatiguant pour elles d'être obligées d'aller chercher fort loin une cruche d'eau si pesante, et elle pria ses parens de trouver le moyen de savoir qui était M. Sauvigné.

En continuant la promenade, l'on arriva sur la place où était l'ancien bâtiment des écoles ; il était entièrement abandonné. Les fenêtres, les portes ne fermaient plus ; il ne restait pas une vitre aux croisées ; les cours étaient pleines d'herbes et d'épines, qui en couvraient le sol ; les jardins en friche ; mais cependant la maison était bâtie solidement, et les réparations ne pouvaient être fort chères :

il n'était question que de faire un fonds pour l'entretien des sœurs de la charité et des frères des écoles, et comme l'avait dit le comte, il voulait en établir la rente en blé. Pour cela, il fallait la placer sur une ferme : il y en avait une à vendre dans le village, ou plutôt la place; car pour celle-là elle était entièrement en ruine; et les terres qui en dépendaient étaient cultivées par un des fermiers du comte, qui avait encore deux ans de bail. M. de Régeville vit bien à peu près qu'il lui serait facile d'acquérir ce bien : il eut même sur cela quelques idées vagues, dont il s'entretint avec la comtesse, mais qui restèrent secrètes entre eux : seulement on décida la réparation des bâtimens des écoles; et M. Ralet, qui était fils d'architecte, se chargea de suivre les ouvriers qui devaient y être employés, au grand contentement d'Edouard, qui devait venir avec son bon ami inspecter ces ouvrages, et prendre connaissance de ces utiles travaux, dont le but devait être très avantageux aux habitans de Saint-Lô.

La comtesse se chargea des détails de l'Hôtel-Dieu ; elle s'y fit accompagner par ses filles. La vieille religieuse ne pouvait presque pas quitter son grand fauteuil. De huit lits qui étaient fondés, deux ou trois étaient à peine remplis, et encore n'était-ce que par les plus indigens de la paroisse, tant les malades étaient négligés, non par mauvaise volonté de la religieuse, mais parce qu'elle ne pouvait plus rendre aux autres les soins dont elle avait besoin elle-même. Les lits restaient sans être faits ; le linge, que l'on n'entretenait plus, était mangé des rats. Il n'y avait ni sirop ni julep dans l'apothicairerie ; enfin, tout était sale et mal tenu. La comtesse n'en fit aucune plainte à la mère Marianne, lui demanda seulement si elle serait bien aise d'avoir quelques unes des religieuses de son ordre pour la seconder. —Bien certainement, dit-elle, mais il n'y a pas ici de quoi les nourrir.— M. de Régeville le sait, il va prendre des moyens pour augmenter les revenus et vous procurer, ma sainte mère, ceux de vivre tranquillement, et n'ayant plus qu'à prier Dieu pour vos malades. — Que Dieu, reprit la mère Marianne, bénisse vos bonnes intentions, et puissé-je les voir se réaliser! — Je l'espère.

La comtesse commença à charger sa fille de la réparation du linge, sous l'inspection de Victoire, femme de charge de madame de Régeville; on l'apporta tout au château, et on prit dans le village de Saint-Lô et des paroisses qui en dépendaient, douze ouvrières parmi les jeunes filles les plus sages et les plus laborieuses, qui furent employées à la journée; ainsi on répara et mit à neuf tout ce qui était usé. Mélanie était chargée de rendre compte tous les soirs, à sa mère, de ce qui avait été fait dans la journée. Sophie allait aussi dans l'atelier avec sa sœur, et toutes les jeunes filles étaient enchantées de mesdemoiselles de Régeville. L'aînée joignait à une grande douceur, une exactitude parfaite ; de sorte que ce travail fut fait beaucoup trop tôt au gré de celle qui en avait été chargée. Mélanie obtint de sa mère une gratification au-dessus du prix des journées, pour celles qui s'étaient distinguées par leur activité et leur intelligence. Madame de Régeville dit à sa fille qu'il ne suffisait pas de récompenser les ouvrières ; que celle qui avait suivi avec zèle leur travaux, méritait aussi une récompense, et que le soir son père lui en donnerait une qui serait sûrement suivant son cœur. Mélanie chercha ce que cela pouvait être, sans le deviner. On se rendit dans un petit pavillon qui était au milieu du parc, où l'on ne craignait point d'être interrompu par les importuns ; car les domestiques avaient ordre, quand il venait quelqu'un, de ne jamais les amener dans cette retraite, où se trouvèrent réunis le curé, le précepteur, M. et madame de Régeville, et leurs quatre enfans.

TROISIÈME ENTRETIEN.

Le comte prit un cahier qui était posé sur une table, au milieu du pavillon; et lorsque les enfans furent assis, il leur dit: Je veux, mes enfans, vous faire part de la relation que mon homme d'affaires m'adresse sur la famille Sauvigné.

A ce nom, tous les enfans sautèrent de joie, car ils avaient vu plusieurs fois les personnes qui composaient cette famille, soit dans le village, où ils venaient chercher ce dont ils avaient besoin pour leur subsistance, soit à l'église : et ils avaient conçu d'eux la meilleure opinion. Ils écoutèrent donc avec un grand intérêt la relation des malheurs et des vertus de M. et de madame Sauvigné. M. de Régeville lut d'abord quelques lignes de la main de M. le Roux, agent de change, que je transcris.

« J'ai rempli, monsieur le comte, avec autant de soins qu'il m'a été possible, la commission que vous m'avez donnée; et j'ai obtenu d'une personne qui mérite toute confiance, la relation que je vous envoie sur l'existence ancienne et nouvelle de vos pauvres voisins, à qui sûrement vous ne refuserez pas votre estime, quand vous saurez avec quelle noble délicatesse ils se sont conduits. »

HISTOIRE DE LA FAMILLE SAUVIGNÉ.

M. Sauvigné descend d'une famille de riches fermiers de la Normandie, qui jouissaient de l'estime de leurs voisins. Leur habitation était auprès de Lisieux. Le grand-père de celui dont il vous intéresse de savoir l'histoire, fit ses études à Rouen, et ne voulant pas prendre la charrue, après avoir acquis des connaissances en littérature, vint à Paris, où il se lia avec Corneille (1). Ce grand homme lui trouvant de l'esprit, le présenta à M. de Colbert (2), qui le fit entrer dans la finance. Son fils suivit la même carrière, et ils avaient acquis, sans manquer à la probité, une fortune considérable : mais le père de M. Sauvigné actuel, fit un de ces mariages qui réussissent rarement. Il épousa une fille de qualité, n'ayant pour dot qu'une rare beauté, un orgueil insupportable et un goût effréné pour les plaisirs.

Elle eut, dès la première année de son mariage, un fils qu'elle nomma Auguste : c'est le malheureux père de famille qui languit depuis peu de mois à Saint-Lô. Sa mère fut enchantée d'avoir un fils, et

---

(1) Notre premier poète tragique, qui était normand.

(2) Ministre des finances sous Louis XIV, et dont la réputation égala celle de son siècle.

se promit bien d'en faire *un marquis*, quelque argent que cela pût coûter ; en conséquence, elle l'éleva dans les principes les plus opposés à son état, voulant qu'il rougît de son origine, et lui pardonnant à peine de nommer M. Sauvigné son père. Heureusement pour Auguste, que le ciel lui avait donné les vertus de ses pères, et rien des ridicules de sa mère; aussi refusa-t-il d'épouser une parente de madame Sauvigné, et préféra s'unir à la fille d'un gros négociant, qui l'associa à son commerce. Sa mère jeta feu et flamme, et s'empara tellement de l'esprit de son époux, qu'elle fit défendre sa porte à son fils. Auguste, toujours respectueux et sensible, souffrit, mais en silence, les mauvais procédés de sa mère ; se passa de la fortune de son père, en faisant fructifier celle de sa femme et de son beau-père par son intelligence et son activité, et il porta leur maison au premier rang de celles du commerce de Paris.

Au contraire, madame Sauvigné la mère ne mit plus de bornes à ses dépenses ; elle consomma en peu d'années, non-seulement toute la fortune de son mari, mais fit pour cent mille francs de dettes au-delà. Cependant rien n'éclata qu'à la mort de M. Sauvigné. Son fils, instruit de ce désastre, loin de suivre les conseils de ses amis de renoncer à la succession de son père, fit aussitôt assembler les créanciers, obtint d'eux de vendre sans frais tous les biens ; mais comme ils ne suffisaient pas pour payer la totalité des dettes, il fit offrir à sa mère de renoncer à ses reprises, moyennant une pension de 4,000 francs sa vie durant ; ce qu'elle accepta sans vouloir voir son fils. Celui-ci se chargea, moyennant le consentement de sa femme et de son beau-père, de tout ce qui restait dû, ne demandant que cinq ans pour s'acquitter ; bien sûr que les affaires de sa maison, qui étaient très florissantes, le mettraient à même de remplir ses engagemens, et que ses nombreux enfans, car il en avait six à cette époque, n'en seraient pas appauvris, redoublant de travail et d'économie pour tout acquitter, en disant : D'ailleurs, j'aime mieux que mes enfans soient moins riches, que de rougir en entendant nommer leur aïeul. Mais, au moment où il se croyait assuré de terminer honorablement cette liquidation, le système vint ruiner presqu'entièrement son beau-père, qui en mourut de chagrin. Auguste Sauvigné, d'accord avec sa vertueuse compagne, a tout sacrifié à l'honneur; il est parvenu à liquider la succession du père de sa femme : il a payé en entier les dettes du sien, laissé un fonds pour servir le douaire de sa mère, et est venu s'ensevelir à Saint-Lô, où il vit du produit du jardin qu'il cultive avec ses trois fils. Ses deux filles, car il en a perdu une, aident leur mère au service de leur ménage et d'une petite basse-cour : c'est ainsi qu'ils se sont décidés à vivre jusqu'à la mort de leur mère. Alors ils pourront disposer de 80,000 francs, qui servent de fond pour la rente qu'ils font à leur mère ; avec cet argent ils comptent acheter une ferme en Normandie, et rentrer dans le premier état de leurs pères. Voilà, monsieur le comte, ce dont vous pouvez être certain, parce que c'est moi qui ai liquidé les deux successions, et qui ai placé les 80,000 francs. Rien n'a pu fléchir l'inconcevable orgueil de madame Sauvigné la mère, qui n'a jamais voulu voir ni sa bru ni ses petits-enfans ; je n'ai pu vaincre la noble fierté de son fils, qui n'a pas voulu accepter, quelques prières que je lui aie faites, un prêt de 20,000 francs, qui l'eussent mis dans une situation moins pénible ; il m'a répondu qu'il aimait mieux souffrir quelque temps, et pouvoir, lorsque le ciel le permettrait, acheter avec les 80,000 francs. qu'il n'aurait pas morcelés, une ferme plus considérable, qui, en la faisant valoir, le ferait vivre commodément avec sa nombreuse famille; que 20,000 francs qu'ils mangeraient à cet instant, ne les rendraient pas heureux, et diminueraient d'un quart leur existence à venir. Je désire, M. le comte, que vous soyez sur cela plus heureux que moi, et je jouirai tellement de savoir cette respectable famille hors d'une position si fâcheuse, que je ne serai point jaloux de voir que vous ayez mieux réussi que celui qui vous prie d'agréer, M. le comte, les sentimens, etc.

Massolier.

Les enfans étaient ravis d'admiration des vertus de M. Sauvigné. Je parle des trois aînés, car Sophie n'était pas encore en état d'apprécier toute la délicatesse de la conduite de ce respectable père de famille : ils voyaient seulement qu'Auguste avait été bien riche, qu'il était devenu pauvre, et par un retour naturel à tout âge, et plus encore au leur, ils demandaient : Est-ce qu'il serait possible, papa, que vous pussiez être ruiné?

Le Comte. — Oui, mes enfans, personne n'est à l'abri de ce malheur; cependant les propriétaires de biens fonciers, surtout en terre, y sont moins exposés que d'autres, s'ils ont de l'ordre, de l'économie, s'ils conservent toujours à leur disposition une somme pour parer aux événemens imprévus; car, même dans la supposition bien douloureuse d'une invasion étrangère, le sol reste : au lieu que dans le commerce et la banque, on peut être ruiné par la faute des autres.

Charles. — J'aurais bien du chagrin que Mélanie fût aussi pauvrement vêtue que mademoiselle Sauvigné, et qu'elle essuyât autant de fatigues.

Le Comte. — Tu peux être tranquille, je ne crois pas que cela arrive; mais ce n'est pas de nous qu'il s'agit. Je vous ai assemblés ici avec ces estimables amis, pour mettre sous vos yeux un plan pour lequel, tout jeune que vous êtes, je veux avoir votre assentiment, parce qu'il intéresse votre fortune à venir.

Mélanie. — Eh ! mon père, n'êtes-vous pas bien plus en état que nous-mêmes de juger ce qui convient à nos intérêts ? Tout ce que vous ferez sera toujours bien fait.

Le Comte. — Oui ; mais comme il est question de s'exposer à perdre 80,000 fr., je veux savoir si vous y consentez.

Edouard. — A tout, mon père, surtout si c'est pour venir au secours de nos voisins, qui sont si respectables.

Le Comte. — Oui, tu l'as deviné. Voici ce que madame de Régeville et moi nous avons projeté, et qui remplira trois objets bien importans. Vous savez, M. le curé, que nous sommes convenus d'ajouter aux dotations de l'Hôtel-Dieu, pour chaque établissement, cinquante louis de rente en blé. Il faut pour cela un fonds parfaitement libre, sur lequel cette rente sera hypothéquée. Je vais donc acheter, au nom de M. Sauvigné, la ferme de Pailli, qui me coûtera 120,000 liv.; je serai censé placer dessus 50,000 fr. par privilége, dont l'intérêt payé en nature, suivant le cours, sera partagé entre l'école et l'hospice. Les 80,000 fr. restant, je les prête sans intérêt à M. Sauvigné, qui me les remboursera quand sa mère mourra, mais sur une simple reconnaissance, afin que je sois autorisé à ne point recevoir d'intérêts (1); de sorte que si M. et madame Sauvigné venaient à mourir avant le remboursement, il serait possible que le tuteur des enfans disputât les 80,000 fr.

Tous ensemble. — Ils ne mourront pas, et s'ils meurent, nous serons encore assez

---

(1) A cette époque il n'était pas permis de tirer d'intérêt, même aux taux du roi, c'est-à-dire, quatre à cinq pour cent pour tout argent non aliéné; et les lois ecclésiastiques étaient très sévères à cet égard.

riches, même en ayant chacun 20,000 fr. de moins.

La comtesse les embrassant, leur témoigna combien elle était satisfaite de les voir partager les nobles sentimens de leur père. Le comte reprit : — Ce n'est pas, mes bons amis, le seul sacrifice que vous ayez à faire. Nous avons réglé, votre mère et moi ; car ne perdez jamais de vue, mes enfans, que quoique ma femme veuille me renvoyer tout le mérite de ces arrangemens, qu'ils sont dus au moins autant à sa générosité qu'à mon désir d'obliger mes voisins ; et que, quoique je sois le maître, aux yeux de la loi, de disposer de ses revenus, je ne me permettrai jamais d'employer des sommes considérables sans son aveu.

La Comtesse. — Que vous êtes toujours sûr d'obtenir, parce que nous ne pouvons avoir aucune différence d'opinions, et que nos volontés, comme nos cœurs, sont parfaitement unis. Mais continuez, mon cher ami, à expliquer à nos enfans ce que nous avons cru nécessaire pour parvenir au but que nous nous proposons.

Le Comte. — La ferme de Pailli consiste en terres labourables, prés, trente-six arpens de bois, dont la coupe, tous les dix-huit ans, suffit pour le chauffage du propriétaire.

Sophie. — Qu'est-ce que cela veut dire, une coupe tous les dix-huit ans? Il faut donc être dix-huit ans sans se chauffer?

Le Comte. — Les bois taillis, Sophie, ne sont susceptibles d'être coupés pour bois de chauffage qu'au bout de dix-huit ans. Celui qui a trente-six arpens de bois, en coupe deux tous les ans : ce qui lui vaut, prix moyen, 7 à 800 francs, tant gros bois, fagot et bourrée. Sur ces deux arpens, il est ordonné par le conservateur des forêts, de laisser des baliveaux.

Sophie. — Ah! le drôle de nom!

Le Comte. — C'est ainsi que l'on nomme un jeune arbre de dix-huit ou vingt ans, qui n'est pas un rejet d'ancienne souche (1). On en laisse plus ou moins, suivant les coutumes : on ne peut pas couper les modernes qui ont trente ou quarante ans, et parmi ceux de soixante, le gouvernement fait encore marquer les arbres dont la beauté et l'élévation peuvent être utiles aux constructions des vaisseaux, et qu'il paie alors aux propriétaires quand il les fait abattre. Ces lois ont pour but de conserver les bois

---

(1) Pour entendre ce que le comte dit ici, il faut savoir que, lorsqu'on abat un arbre, et qu'on n'ôte pas la souche ou racine, l'année d'ensuite, cette souche pousse un nombre de rejetons qui forment ces touffes d'arbres qui s'élèvent sur une même racine : c'est là ce qui devient un taillis.

Ce sont les jeunes arbres qui sortent de terre sur leur propre racine, et qui sont venus de semences que l'on nomme *balveaux;* car les bois se resèment d'eux-mêmes; chaque arbre produit une graine qui tombe et germe.

qui sont une source de richesses toujours renaissantes. Mais nous voilà bien loin de ce que nous disions. Te souviens-tu, Edouard, où j'en étais?

Edouard. — Vous nous parliez de la valeur de la ferme de Pailli. Oui, je m'en souviens; mais ce qui est fâcheux, c'est qu'elle est en ruine, et que l'on a été forcé de l'affermer à un fermier voisin, dont le bail a encore deux années à courir. Il faut au moins 20,000 fr. pour relever ces bâtimens (1), et autant pour y mettre des meubles, des bestiaux, et racheter sur pied la dernière récolte; car, sans cela, le propriétaire n'aurait point de fourrage pour les chevaux dont il a besoin pour cultiver ses terres, et d'autres bestiaux qui lui donnent des engrais pour préparer sa première récolte.

---

(1) Ces sommes doivent être au moins doublées dans cette année-ci.

Charles. — Engrais, c'est ce que l'on nomme fumier.

Le Comte. — Oui, en général ; mais cependant il y a différentes choses qui servent d'engrais, et qui ne sont point du fumier, tels sont, par exemple, la cendre, la marne, terre blanchâtre qui contient beaucoup de sel ; les coquillages ; enfin tout ce qui modifie la terre à laquelle on mêle ces engrais, soit pour l'engraisser ou la rendre plus légère, réchauffer celle qui est dans les bas-fonds, et rendre moins brûlante celle des collines : c'est ce choix des engrais en quoi consiste, en grande partie, la science du cultivateur. Mais, si nous interrompons toujours, nous aurons de la peine à arriver à la fin du projet. Je vous disais donc qu'il fallait 40,000 francs pour que M. et madame Sauvigné pussent exploiter la ferme de Pailli. Votre mère m'a offert ses diamans, mais je n'ai pas cru devoir les accepter : je la priverais du plaisir de les partager entre ses filles. J'ai

40,000 fr. de rescriptions des fermes, que je ferai vendre ; elles me rapportaient 2,000 fr. par an, que j'avais destinés, mes enfans, pour vos menus plaisirs. Voulez-vous y renoncer jusqu'à ce que vos voisins puissent vous rembourser? Ce qui ne sera pas avant dix ans, car il leur faudra au moins ce temps pour entrer en paiement.

Tous. — Oui, oui; et qu'avons-nous besoin d'autres jouissances que celles que nous trouvons près de vous?

Le Comte. — Eh bien! mes enfans, c'est une chose faite : demain j'écris à mon homme d'affaires, et dans quinze jours au plus, j'aurai l'argent nécessaire, et je vous charge, mes fils, conjointement avec votre bon ami, de suivre les travaux : plutôt ils seront terminés, plutôt nos voisins seront sortis du triste état où ils sont.

L'abbé Ralet. — Vous pouvez compter sur mon zèle et sur celui de mes élèves.

Le Comte. — Pour vous, mon cher pasteur, vous n'aurez pas la moins pénible tâche : c'est de faire consentir vos paroissiens à accepter ce que je leur offre, qui ne me dérangera en rien, et qui nous causera une bien vive satisfaction.

Le Curé. — Je conviens que cela ne sera peut-être pas très facile; mais je leur ferai comprendre, à ce que j'espère, que ce serait s'opposer aux desseins de la Providence, qui veut par eux assurer des secours importans à cette paroisse; qu'en s'y opposant, ils se priveraient de la participation à ces bonnes œuvres; que la charité leur fait une loi d'y consentir, et que l'orgueil seul pourrait les aveugler sur les intérêts de leurs enfans, qu'ils ne peuvent, sans dureté, condamner à languir, peut-être quinze à vingt ans dans la pauvreté, car leur mère n'en a pas plus de cinquante, lorsqu'ils sont à même, par un travail honorable, d'assurer leur existence; j'espère que ces raisons vaincront leur opiniâtreté, et que, surtout le cœur de la mère sera touché quand elle verra qu'il ne tient qu'à elle et à son mari de replacer leurs enfans dans l'état où leur famille avait, pendant plusieurs siècles, mérité l'amour et l'estime de leurs concitoyens.

La comtesse assura le curé que M. et madame Sauvigné ne résisteraient pas à sa douce éloquence, et lui demanda de ne pas perdre de temps pour les déterminer à accepter ce qui leur était offert de si bon cœur. Il promit qu'il tenterait, dès le lendemain, de voir M. Sauvigné. L'abbé Ralet dit qu'il irait, avec ses élèves, lever le plan de la ferme de Pailli; voir si on pouvait conserver quelque construction; si, au moins, les fondations pouvaient servir. Edouard et Charles furent enchantés. Mélanie dit : Moi, je n'aurai donc rien à faire?

La Comtesse.—Pas grand'chose, cette année; mais quand il s'agira de meubler la ferme, remplir les coffres de linge, et faire le trousseau de la mère et de ses filles, vous aurez, mes chères amies, assez d'ouvrage. Employez donc cette année-ci, toi, Mélanie, à perfectionner tes talens; et toi, Sophie, à commencer à en acquérir; celle qui suivra vous donnera des connaissances différentes, mais fort utiles. Ainsi, je bénis le ciel, qui a inspiré à votre père un projet qui remplit tout ce que je désire depuis que je suis ici. On revint au château très content les uns des autres. On trouva le couvert mis; on soupa en famille, et après avoir offert en commun à Dieu une journée consacrée à la bienfaisance, on se livra à un doux sommeil, que les songes les plus gracieux rendirent aussi calme qu'heureux.

QUATRIÈME ENTRETIEN.

Edouard et Charles se levèrent de bonne heure; le bon abbé Ralet, qui était toujours, hiver comme été, levé à cinq heures du matin, ayant toutes les peines du monde, dans les grands jours, à faire lever ses élèves à six heures, fut tout étonné, en entrant dans leur chambre, de les voir tous habillés et prêts à se rendre à la ferme. L'abbé les en félicita, et leur proposa, puisqu'ils étaient si diligens, d'entrer dans l'église où le pasteur disait la messe tous les jours à cette même heure, pour attirer les grâces du ciel sur une entreprise que lui seul pouvait faire réussir.

Malgré l'empressement d'Edouard et de Charles d'être sur le terrain, et de voir employer pour la pratique la théorie qu'ils avaient étudiée sous leur précepteur, ils modérèrent leur ardeur pour plaire à leur cher instituteur, et prièrent en effet avec lui, pour que M. Sauvigné ne mît aucun obstacle à la bonne volonté du comte à son égard; puis ils se rendirent, avec un grand empressement, sur ce terrain qui n'était couvert que de décombres. Cependant M. l'abbé Ralet s'était muni des instrumens nécessaires pour lever le plan.

Un jeune domestique qui s'était attaché à M. de Régeville, portait la chaîne et les piquets; mais c'était Edouard à qui son instituteur faisait tracer sur le papier les lignes qui donnèrent les dimensions exactes de ce vaste terrain. Cette opération dura jusqu'à près de midi. L'abbé avait fait apporter dans une corbeille le déjeûner. On avait interrompu un moment le travail pour manger, et on l'avait repris avec la plus grande activité. Charles copiait ce que son frère faisait, et l'abbé rectifiait les fautes que l'un ou l'autre pouvait avoir faites.

On revint au château, tout glorieux d'avoir commencé une chose qui devait faire le bonheur de tant de personnes; mais à dîner il y avait des étrangers; ce qui contraria Edouard, car il n'était jamais permis de parler des bonnes œuvres que l'on avait le bonheur de faire, ou même de projeter. Cependant l'occasion se présenta de parler de M. de Sauvigné. Quelqu'un de ces hommes qui aiment toujours mieux croire le mal que le bien, prétendit qu'il savait de bonne source que ces personnages mystérieux étaient des banqueroutiers qui se cachaient dans ce village sous un nom supposé. — Vous vous trompez étrangement, dit le comte, et je peux à l'instant vous prouver qu'il n'est point d'homme d'une probité et d'une délicatesse au-dessus de celle de M. Sauvigné. — Quoi! vous le connaissez? — Non, mais j'en crois sur eux le témoignage d'un agent de change et d'un notaire de Paris, qui tous deux connaissent parfaitement cette famille, et ont pour elle la plus grande estime. L'homme, fort étonné de ce que le comte disait, voulait encore insister: alors M. de Régeville leur lut la lettre que nous avons rapportée.

L'homme aux faux rapports fut honteux, et dit que sûrement il s'était trompé de nom ; qu'il était fort aise de voir qu'il y avait encore tant de délicatesse et de loyauté en France ; qu'il était bien fâché de ne pouvoir rester plus long-temps, mais qu'une affaire importante l'appelait au Hâvre, et il donna ordre à son domestique de seller son cheval. On pense bien que M. de Régeville ne le retint pas.

CINQUIÈME ENTRETIEN.

Après que le curé eut rempli les devoirs de son ministère, il s'occupa de ce dont M. de Régeville l'avait chargé. En sortant de l'église, il se rendit à la maison que M. Sauvigné occupait. Elle était située dans une ruelle fort étroite qui descendait à la rivière, et au milieu de laquelle coulait un ruisseau d'eau vive, qui dégradait toujours l'espèce de pavé que l'on y avait fait. L'été, on s'en tirait assez bien ; mais l'hiver, c'était le plus mauvais chemin possible. La maison se trouvait presque au bout de la ruelle ; une grande porte cochère, en assez mauvais état, menait à une cour. A gauche étaient une étable et un poulailler couvert en chaume ; à droite, un bâtiment où il n'y avait qu'un seul étage, composé de quatre pièces, une cuisine, un fournil et deux chambres ; au-dessus un grenier ; les fenêtres donnaient sur la cour ; et le jardin, qui avait environ trois arpens, était entièrement cultivé, et ne produisait que des plantes utiles en légumes et des graines ; de plus, un fort beau verger : il n'y avait pas un pouce de terre qui ne rapportât, et pas un employé en agrément. Malgré cela, l'aspect de cet enclos était agréable, parce qu'il était à cet instant couvert d'arbres fruitiers qui promettaient une abondante récolte.

Ce ruisseau, si incommode dans le

chemin, M. Sauvigné l'avait fait entrer dans son jardin, et en recueillait les eaux dans un lit étroit et bordé d'herbes, où il faisait un très bon effet ; lorsqu'il avait serpenté dans le verger, il allait former au milieu du potager un assez grand bassin, dont le trop plein s'échappait par une rigole qui portait cette même eau dans un lavoir, d'où elle était conduite par un tuyau qui traversait le mur, et reprenait son cours au milieu de la ruelle, et allait tomber dans la Seine.

C'était dans cette agreste demeure que M. Sauvigné avait fixé sa résidence et celle de sa famille. Là, le travail le plus assidu faisait produire à ce terrain, fort bon par lui-même, la subsistance de sept personnes. Une vache, des poules et un porc, la rendaient abondante, et l'excédant du produit de l'enclos et de la basse-cour, payait le blé que madame Sauvigné faisait moudre, pour en faire elle-même leur pain, et avoir du son pour leurs animaux.

Cette vie est dure, mais indépendante et tranquille. Cependant, il faut en convenir, il est très rare que surtout les femmes, qui n'y ont pas été élevées, y résistent : c'est un rêve de tous les gens pauvres, mais qu'il ne faut pas essayer à réaliser, quand on n'a pas la ferme résolution de renoncer à toutes les jouissances de la vie molle de nos citadins. Il faut se lever avec le jour, s'exposer à toutes les intempéries, renoncer à un beau teint, à une jolie main, même à un pied mignon ; il faut porter des fardeaux pesans qui déforment la taille, avoir une manière de se mettre commode pour ces travaux, mais qui n'a nulle élégance ; je ferai observer que c'était ainsi qu'étaient vêtues madame Sauvigné et ses filles, dans l'intérieur de la maison ; car on ne mettait les habits de ville, que lorsque l'on sortait pour une chose ou pour une autre, et c'était ce qui avait fait prendre à cette respectable famille la résolution de ne point laisser entrer chez eux personne, pas même le curé. Cependant il fallait qu'il parlât à M. Sauvigné. Il cherche comment il le déterminera à ouvrir sa porte, et il lève le marteau sans savoir s'il sera admis. Auguste vient, ouvre un petit guichet, et voyant le curé, est fort embarrassé : il faut pourtant lui demander ce qu'il veut. — Que vous me rendiez un important service. — Je vais aller chez vous, M. le curé. — Non, c'est très pressé. — Ne pourriez-vous me dire au travers de la petite grille ? — Je vous demande pardon ; c'est que je suis dans ce moment-ci fort occupé, et je ne pourrais... — Ah! M. Sauvigné, c'est au nom de bien des infortunés que je vous demande de m'entendre, et il faut que je sois tête-à-tête avec vous. — Avec moi ? — Oui, avec vous, et dans ce moment. — Mais, mon Dieu! attendez donc, je vous prie; je ne serai pas long-temps. En effet, au bout d'un quart d'heure, M. Sauvigné vint ouvrir. Il avait un habit fort propre, était bien

chaussé, sa perruque bien peignée (1).—
Je vous demande pardon, monsieur, de
vous avoir fait attendre; mais cela ne
se pouvait autrement; — et au lieu de
conduire le curé dans la maison dont tous
les volets étaient fermés, et pas un enfant
dans l'enclos que défendait, par ses aboie-
mens, un chien superbe et fort méchant,
dont une chaîne répondait; il le mène
dans le seul endroit qui ne rapportait rien;
ainsi j'avais exagéré en disant qu'il n'y avait
pas un pouce de terre qui ne fût utilisé ;
mais qui ne sait que

. . . . . Qui raconte exagère.

Ce petit coin d'où, au travers des branches de rosiers et de jasmins, on aperce-
vait la Seine, qui, en s'approchant du bas
de sa course, est deux fois plus large qu'à
Paris, rend le paysage magnifique. Quel-

---

(1) A cette époque, presque tous les hommes
portaient des perruques frisées et poudrées à
blanc.

ques côtes peu élevées, couvertes de pommiers et de jolies maisons de campagne, présentent un tableau charmant que les nombreux bestiaux qui paissent dans la prairie, animent et embellisent tout à la fois. Là, est un banc de mousse que l'aîné des fils de madame Sauvigné a disposé pour elle et ses sœurs. C'est là qu'elles viennent, dans les longues soirées d'été, se reposer des fatigues du jour, et essayer si leurs doigts roidis par les rudes travaux du jardinage, peuvent encore pincer la corde du luth, et accompagner une ballade dont elles se rappellent, comme dans un temps déjà très éloigné, parce qu'il est sans espoir de retour.

Ce bosquet qui n'est pas sans prétention, donna l'espérance au curé, qu'il pourrait ramener notre philosophe à sentir qu'il s'était imposé, ainsi qu'à sa famille, de trop dures occupations, et que le plan qu'on lui proposait, sans rendre ses enfans oisifs, leur procurerait une vie douce et active, étant en état de faire faire les gros ouvrages par des domestiques qui, bien payés, bien nourris, se trouveraient heureux de faire chez eux des travaux dont ils ont l'habitude.

Le Curé. — Vous avez, monsieur, une habitation agréable, et dont vous avez tiré un grand parti.

M. Sauvigné. — Elle est assez bien ; mais que voulez-vous, mon cher pasteur ?

Le Curé. — Je vous l'ai dit : un service important ; mais avant de vous en entretenir, j'ai besoin de me reposer. La vue est charmante ici. Comment se portent madame Sauvigné et vos aimables enfans ?

M. Sauvigné. — Fort bien ; ils sont sortis.

Le Curé. — J'en suis fâché ; j'aurais désiré les voir, parce qu'ils m'eussent aidé à obtenir de vous le service que j'ai à vous demander.

M. Sauvigné. — Si c'est une chose qui

dépende de ma volonté, vous n'avez besoin, monsieur, de personne auprès de moi; il suffit que vous désiriez une chose qui ne peut être que juste, puisque c'est vous qui la demandez, pour que je fasse tout mon possible pour y réussir; mais je vous ferai observer que je ne conçois pas comment je puis rendre service à qui que ce soit; je suis pauvre, inconnu dans ce pays, et n'ayant point de relations avec aucun homme en place.

Le Curé. — Eh bien ! monsieur, il n'en est pas moins vrai que vous pouvez procurer à cette paroisse une rente en blé de 2,400 francs.

M. Sauvigné. — Si je ne connaissais pas la gravité de votre ministère, et si je n'avais pas, monsieur, très bonne opinion de vous, je croirais que vous voulez faire une plaisanterie qui, vu le peu de liaisons que j'ai avec vous, me paraîtrait assez singulière.

Le Curé. — Si je vous disais, monsieur,

LA JOLIE FERM.

Vous connaissez monsieur Musselier !

que moi j'en ai avec M. Massolier, notaire à Paris.

M. Sauvigné. — Vous connaissez M. Massolier! et qu'a-t-il pu vous dire? Je croyais que la discrétion....

Le Curé. — Elle ne peut enchaîner la la langue, lorsqu'il est question de rendre hommage à la vertu; et M. Massolier a pu dire et écrire que vous êtes, monsieur, un exemple rare de délicatesse et de probité.

M. Sauvigné. — J'ai fait mon devoir; reste à savoir si M. Massolier a fait le sien, en trahissant des secrets de famille. Mais revenons au service que je pourrais vous rendre : serait-ce d'hypothéquer quelques dons, qu'on doit vous faire sur mon bien?

Le Curé. — A quelque chose près.

M. Sauvigné. — Mais, monsieur, j'ai une nombreuse famille, et puisque vous savez que j'ai un fonds de 80,000 francs, car je vois que le cher homme a tout dit, il a dû vous apprendre aussi que c'est le bien de ma femme qui lui appartient et à mes enfans.

Le Curé. — Et qui vous dit que l'on veut l'exposer? au contraire, on ne cherche qu'à l'assurer. Vous connaissez la ferme de Pailli : on veut, et c'est M. Massolier qui le désire, que vous achetiez ce bien.

M. Sauvigné. — Il est trop cher.

Le Curé. — Un être bienfaisant qui veut, comme je vous ai dit, donner cent louis de rente pour augmenter le revenu de l'Ecole et de l'Hôtel-Dieu, vous demanderait la permission de placer sur ce bien 40,000 fr. par privilége (1).

M. Sauvigné. — Eh bien! les 40,000 fr. restans? car cette ferme sera vendue 120,000 fr.

Le Curé. — M. Massolier vous les fait

---

(1) C'est-à-dire, payables avant toutes autres créances.

trouver sans intérêts ; à la mort de madame votre mère, vous les rembourserez.

M. Sauvigné. — M. Massolier, dans le zèle de son amitié pour moi, se forge des chimères. Qui irait prêter une somme aussi forte sur un bien grevé du tiers de sa valeur, et sans intérêt ?

Le Curé. — Le prêteur est trouvé, acceptez, et je vous le nomme.

M. Sauvigné. — Non, monsieur ; je n'accepterai pas, parce qu'il ne suffit pas de payer une ferme, il faut encore tout l'équipage ; et je vous l'ai dit, monsieur, je n'ai pas un sou au-delà de la somme qui assure le douaire de ma mère. Ainsi, c'est impossible ; remerciez l'être bienfaisant, et que je crois deviner, de ses généreuses intentions à mon égard ; mais il est impossible que je puisse en profiter.

Le Curé. — Quoi ! monsieur, vous refusez un aussi grand avantage pour votre famille ?

M. Sauvigné. — Oui, monsieur, parce

que je le dois, et que d'ailleurs, j'aime mieux trouver, dans mon travail et celui de mes enfans, mon existence, que de la devoir à un grand seigneur.

Le Curé. — Ainsi, mes pauvres perdront un aussi grand avantage, que celui qu'ils trouveraient par ces arrangemens.

M. Sauvigné. — M. de Régeville trouvera aisément quelqu'un qui acceptera ces offres.

Le Curé. — Il ne paraît pas; il faut, dit-il, qu'il ait confiance en la personne avec qui il traitera.

M. Sauvigné. — Qui lui en donne en moi?

Le Curé. — MM. Le Roux et Massolier, qui ont écrit les choses les plus avantageuses de vous et de votre famille.

M. Sauvigné. — Je les en remercie, mais ils auraient mieux fait de garder mon secret.

Le Curé. — Eh! monsieur, soyez certain que le mystère qui n'a comme le vôtre d'autre cause qu'une extrême délicatesse, n'en est pas moins exposé à la calomnie : l'homme de bien se doit à l'exemple de ses semblables. Ne mettez point la lampe sous le boisseau : laissez-vous connaître, monsieur, de vos concitoyens ; ils ne pourront qu'y gagner, parce qu'ils apprendront de vous tout ce que la délicatesse et l'honneur inspirent.

M. Sauvigné.—Heureux qui vit ignoré! si la calomnie s'exerce contre lui, il ne la sent pas, et n'ayant rien à demander aux hommes, il ne les craint pas. (*M. Sauvigné se levant.*) Pardon, mon cher pasteur, si je ne vous entretiens pas plus long-temps : mais j'ai un carré de terre à ensemencer ; il faut profiter du temps, peut-être pleuvra-t-il demain.

Le Curé. — Vous ne me donnez pas de réponse.

M. Sauvigné.—Il me semble que j'ai eu l'honneur de vous la faire. Elle est négative, et ne peut être autre. Je vous demande seulement une grâce, et j'espère que je l'obtiendrai.

Le Curé.—Quelle est-elle?

M. Sauvigné.—Votre ministère vous oblige au secret, j'espère, plus sévèrement qu'un notaire qui cependant devrait aussi le garder.

Le Curé.—Tout honnête homme, s'il a promis de se taire, doit être exact à sa parole.

M. Sauvigné.— Eh bien! donnez-moi la vôtre de ne pas ouvrir la bouche à ma femme de toutes ces belles propositions. Je la connais, elle est mère, ses filles souffrent quelquefois : elle en est au désespoir. Ce serait des persécutions à ne point finir.

Le Curé. — Je suis Normand, et vous savez que dans notre pays on ne s'engage pas aisément : tout ce que je puis vous dire, mon cher paroissien, c'est que je n'en chercherai pas l'occasion.

M. Sauvigné.—Si on en parle, si on me

tourmente, je quitterai le pays : cela me contrariera, me dérangera beaucoup ; mais c'est une chose certaine.

Le Curé. — Eh bien ! ne vous fâchez pas, on se taira : mais enfin, si vous faites des réflexions, vous me le ferez dire...
M. Sauvigné, tout en sortant du bosquet, conduisait le curé dans la cour, ouvrait la porte, en disant : Adieu M. le curé, votre très humble serviteur. Le curé, tout étourdi de l'opiniâtreté de son paroissien, réfléchissait que nos vertus sont toujours ternies par quelque défaut qui en dérive. La fermeté de M. Sauvigné, dans ses malheurs, a été admirable ; son entêtement, son orgueil en diminuent le prix ; mais, n'importe, nous le servirons malgré lui, et surtout nous servirons sa famille.

SIXIÈME ENTRETIEN.

On attendait au château, avec une extrême impatience, le détail de la conférence du curé et de son sauvage paroissien. Madame de Régeville était persuadée qu'il refuserait. Cet homme, disait-elle, s'est fait un système, et vous ne l'en ferez pas sortir,-pas plus que la mère ne reviendra aux sentimens de la nature : ce sont des caractères qui, faute d'avoir été ployés dans la jeunesse, conservent une raideur que rien ne fait fléchir. Mélanie croyait, au contraire, qu'il consentirait. M. de Régeville s'en flattait par le désir qu'il en avait. M. Ralet disait que peut-être à sa place il refuserait, parce que c'était prendre des engagemens fort longs. Comme on discutait l'une et l'autre opinion, on vit arriver le curé qui ne paraissait pas content.

Le Comte. — Eh bien, mon pasteur ?

Le Curé. — Ne me parlez pas d'un homme comme cela, il est insupportable.

Le Comte. — Il refuse ?

Le Curé. — Entièrement. Et alors il rendit un compte exact de tout ce qui s'était passé chez M. Sauvigné; comment il avait fait disparaître sa famille, pour qu'on ne la vît pas, prétendant qu'elle était sortie. Le curé parla du secret qu'il avait demandé, et que je ne lui ai pas promis, ajouta le curé; enfin, dit-il, c'est un original. Eh bien ! dit le comte, il faut y renoncer : O mon Dieu! s'écrièrent tous les enfans à la fois : vous abandonnez ces pauvres jeunes personnes, qui sont si jolies, qui ont l'air si doux, si modeste. Mélanie ajouta : Leur père convient qu'elles souffrent, que le genre de vie qu'il les a forcées d'embrasser est trop pénible pour elles, que sa femme en est au désespoir, et il n'en refuse pas moins les moyens de les en faire changer. Je ne l'aime plus; mais je n'en ai que plus de désir de voir tirer sa femme et ses enfans d'une situation qui leur est si pénible.

Le Comte. — Que veux-tu que nous fassions? il ne le veut pas, il est le maître, l'autorité paternelle est la plus respectable de toutes : elle a fondé les sociétés.

Charles. — Oui, c'est bien vrai.

Le premier qui fut roi fut un père adoré.

Édouard. — C'est le mieux du monde; mais avec tout cela, voilà notre travail perdu.

Le Comte. — Qui te dit cela ? n'y a-t-il absolument que M. Sauvigné qui puisse être fermier de Pailli ? Je l'acheterai de même et j'y hypothéquerai la rente des pauvres. Vous la ferez bâtir : Mélanie la meublera; et puis nous verrons.

Mélanie. — Je sens que j'y travaillerai avec bien moins d'intérêt que si c'était pour Pauline et Adélaïde.

La Comtesse. — Comme certainement votre père destine le revenu de cette ferme à une bonne œuvre, vous devez, mes enfans, y mettre le même zèle, parce que c'est pour Dieu que nous devons soulager nos semblables, quels qu'ils soient.

Sophie. — Oh ! moi, j'aime bien mieux donner à de jolis petits enfans, qu'à des hommes tout vieux et tout estropiés.

La Comtesse. — En cela, ma chère petite, tu ne suis que l'impulsion naturelle, et tu ne raisonnes pas assez pour comprendre, qu'au contraire il est peut-être mal vu de donner aux enfans, parce que cela les accoutume à mendier, au lieu de travailler. Mais le vieillard estropié, infirme, comment pourrait-il se procurer l'existence ? celui-là a vraiment des droits à la bienfaisance publique, car il faut qu'il meure, si on ne vient pas à son secours.

Mélanie. — Mais l'enfant n'est pas plus en état de gagner sa vie.

La Comtesse. — Cela est vrai ; aussi faudrait-il multiplier les établissemens, pour élever tous ceux dont les parens sont dans la misère, pour qu'ils apprissent à travailler, et en fort peu de temps ils gagneraient leur nourriture ; mais, en attendant que l'on réalise ce projet, occupons-nous de la ferme. Quand elle sera bâtie et meublée, nous trouverons des amateurs, tout le monde n'est pas comme M. Sauvigné.

SEPTIÈME ENTRETIEN.

Je ne peux concevoir, disait madame de Régeville à son mari, comment madame Sauvigné mange tranquillement 4,000 fr. de rentes à elle toute seule, pendant que son fils gagne sa vie à la sueur de son front?

Le Comte. — L'orgueil est de tous les vices celui qui endurcit le plus le cœur. Cependant, je voudrais bien la ramener à des sentimens plus humains, et me servir d'elle pour forcer son fils à accepter ce que je lui propose.

La Comtesse. — Cette entreprise me paraît bien hasardeuse; si vous y réussissez, mon cher ami, cela m'étonnera.

Le Comte. — J'aime les choses difficiles,

je le tenterai toujours ; il n'est pas encore temps, nos bâtimens ne seront couverts qu'à la fin de la saison. Edouard a mis beaucoup de zèle à suivre les ouvriers : pourtant il est bien fâché que sa jolie ferme ne soit pas pour la famille Sauvigné, mais il n'ose plus le dire. Si je réussis à faire accepter à notre voisin mes arrangemens, ce sera pour mon fils une grande surprise, car il croit bien que j'y ai renoncé.

En effet, le bâtiment avait pris un aspect fort agréable : trois corps de logis entouraient la cour, et étaient séparés par de petites cours intérieures, pour les éducations particulières de la volaille, des porcs, des lapins. Au milieu de la grande cour se trouvait un abreuvoir alimenté par une fontaine, dont l'eau est excellente, et qui est adossé au bâtiment où sera la laiterie. Quatre arbres ont été plantés auprès pour la garantir de l'ardeur du soleil, et ce sont les mêmes dont il est parlé au commencement de ces Entretiens. Pouvait-on les placer avec plus de sûreté que sous la garde de la reconnaissance? une forte palissade les garantira des bestiaux qui pourraient, tant qu'ils sont jeunes, les ébranler. Leur transplantation a fait une fête, à laquelle tout le village prit part. Les quatre arbres enlevés du parc furent portés en triomphe par quatre jeunes garçons, que madame de Régeville a fait habiller à neuf. Les arbres étaient entourés de rubans aux couleurs de la livrée de Saint-Lô, et quatre des plus jolies filles et des plus sages du village, vêtues de blanc, en tenaient les bouts de rubans qui flottaient, et la musique d'un régiment en garnison au Hâvre, donnait une teinte militaire à cette fête champêtre; ce qui n'y nuit jamais. Après qu'on eut planté les arbres symboliques, on passa dans le verger dont je parlerai bientôt. On y avait dressé de longues tables où tous les habitans prirent place, ainsi que les musiciens. Le repas fini, on dansa jusqu'à la fin du jour; la famille Régeville, qui avait paru plusieurs fois à la fête, reçut l'accueil le plus flatteur; parce que c'était du cœur que partaient les vœux pour leur prospérité, qui faisait celle de tous leurs vassaux.

La famille Sauvigné entendit de leur enclos la joie naïve qui animait les convives de la jolie ferme, c'était ainsi qu'on la nommait, et les enfans disaient : Qu'ils sont heureux !

Je me suis interrompu dans ma description; je la reprends. La maison du cultivateur est parfaitement distribuée, et exposée au levant. Elle est composée d'un rez-de-chaussée et de deux étages. On se hâtait de poser les charpentes, pour que l'on pût couvrir avant le mois de novembre. C'est Edouard qui a fait tous les marchés des pierres, des bois, de la tuile, des briques, du plâtre. Il payait toutes les semaines les ouvriers, et en rendait compte à M. Ralet, qui tenait un état général de la dépense.

M. Sauvigné ayant été à Rouen pour quelques emplettes, traversait le village : il était avec son fils aîné, qui pouvait avoir vingt-deux ans (1). Il engagea son père à s'arrêter un moment pour voir la jolie ferme: Edouard, qui y était dans ce moment, pria ces messieurs de lui dire leur avis, et s'ils croyaient que rien n'avait été oublié pour rendre cette ferme commode. Auguste entra avec son fils : il ne put disconvenir que, dans toute la province, il n'y avait pas un bâtiment aussi bien distribué, et aussi commode pour l'exploitation. Quel malheur, disait Frédéric, que nous ne soyons pas en position de la louer ! car ma mère, ma sœur, s'y plairaient, j'en suis sûr, beaucoup. Ce qui faisait l'agrément de cette habitation,

---

(1) A cette époque, on n'était majeur qu'à vingt-cinq ans.

LA JOLIE FERME.

Il n'y avait pas dans la province un bâtiment aussi bien distribué.

c'est qu'elle avait une vue superbe, étant placée à mi-côte, et entourée de vergers immenses, dans le plus grand rapport. Je conçois, répondit Auguste, qu'elle nous conviendrait bien; mais elle est trop chère : comment monter une ferme aussi considérable quand on n'a pas de fonds ? — Monsieur, dit Edouard, si vous la désirez à bail, je suis bien sûr que papa vous préférerait à tout autre. — Je désire acheter dans quelque temps un bien pour le faire valoir. — Papa vous cédera celui-ci ; il y laisse un fonds de 2,400 francs de rente, ainsi vous pourriez bien facilement trouver le reste.

M. Sauvigné. — Quand il faut payer la rente d'un bien, vous n'en jouissez qu'en tremblant. Tant d'accidens arrivent ; une sécheresse, qui fait périr le blé ; des pluies, qui causent des inondations ; la grêle, enfin ; que sais-je ? on ne peut jamais être sûr de payer.

Edouard. — Si vous achetiez de M. Régeville, vous seriez bien certain que, s'il vous arrivait des accidens, il partagerait la perte avec vous : c'est ce qu'il a toujours fait avec ses fermiers.... Ah! si vous saviez, monsieur, comme mon père est juste, généreux et facile en affaires, vous aimeriez à traiter avec lui.

Frédéric. — Mais, vraiment, papa, vous pourriez peut-être....

M. Sauvigné. — Non, mon fils; cela ne se peut pas. Je vous ai dit que cela ne se pouvait pas, ne m'en parlez pas davantage; surtout n'allez pas mettre ces belles chimères dans la tête de vos sœurs.

Edouard. — Je suis fâché, monsieur, de vous en avoir parlé, si cela vous fait de la peine; je croyais au contraire....

M. Sauvigné. — Je vous remercie, monsieur, et vous sais gré de vos bonnes intentions à mon égard; mais je n'aime point que mes enfans insistent, quand j'ai dit que je ne voulais pas telle ou telle chose : et prenant le bras de son fils, il l'emmena.

Edouard.—Je plains Frédéric; son père paraît bien sévère. Quelle différence avec papa!

M. Ralet. — Il n'en est peut-être pas moins bon père. Il faut connaître le caractère des enfans, pour juger la conduite du père : tel demande beaucoup de douceur, tel autre beaucoup de fermeté. Ainsi, M. Sauvigné a peut-être raison d'en imposer à son fils par des manières graves.

Edouard.—Je parierais que c'est le père qui a tort; Frédéric a l'air si bon, si raisonnable.

M. Ralet. —

Ne jugeons pas les gens sur l'apparence,

a dit La Fontaine, et surtout ne nous pressons jamais de juger; car c'est là ce qui fait les jugemens téméraires, faute plus grave qu'on ne pense; car si on se contentait intérieurement d'avoir une opinion sur telle ou telle personne, l'avoir mauvaise serait blesser la charité, mais au moins elle ne se communiquerait pas : mais nous en parlerons, nous voulons même la faire adopter, et ainsi vous seriez bien aise que je crusse M. Sauvigné un père dur et sévère, quoique vous n'en ayez vous-même aucune certitude : si je me laissais persuader par vous, je voudrais aussi en persuader d'autres, et ainsi, avant huit jours, ce pauvre M. Sauvigné aurait la réputation d'un homme intraitable ; car, remarquez bien que le mal va toujours croissant, et je ne serais pas surpris qu'au bout de six mois on assurât que c'est un méchant homme, et qui fait mourir de chagrin sa femme et ses enfans.

Edouard. — Oh ! mon bon ami, quelle peinture vous nous faites de la précipitation dans les jugemens ; je vous assure que dorénavant j'y prendrai bien garde : et, en effet, depuis ce jour-là, Edouard fut prudent dans ses discours, et donnait ainsi à ses parens et à son digne instituteur, la satisfaction de le voir croître, de même que son frère, en vertus et en connaissances utiles. Mélanie ne donnait pas moins de consolations à sa mère; en s'appliquant à imiter le modèle que la comtesse lui offrait, on devait avoir la certitude qu'elle l'égalerait un jour. Elle avait surtout son activité, quand il s'agissait de rendre service; elle en donna une preuve dans une occasion qui se présenta quelques jours après la conversation de M. Sauvigné avec Édouard.

Il y avait, au bord de la rivière, la veuve d'un pauvre pêcheur qui était malade depuis plusieurs mois, et à qui madame de Régeville envoyait des secours, parce que cette femme qui avait plusieurs enfans, ne pouvait se résoudre à les quitter, pour se rendre à l'Hôtel-Dieu de Saint-Lô, qui était alors très bien administré. La comtesse qui, non-seulement était bonne, mais même sensible, ce qui n'est pas toujours la même chose, ne voulait pas chagriner cette veuve, et elle lui envoyait son médecin, se chargeant de faire elle-même les drogues; les tisanes dont elle pouvait avoir besoin, et la laissant ainsi soigner par ses filles, dont cette pauvre mère ne pouvait pas se séparer.

La comtesse allait presque tous les jours savoir des nouvelles de la veuve du pêcheur, mais à cet instant elle avait beaucoup de monde chez elle, et qu'elle ne pouvait quitter sans manquer à la politesse; elle chargea Mélanie d'aller avec Victoire s'informer de l'état de sa malade, lui porter du bouillon et une potion que le médecin avait ordonnée. Il fallait pour s'y rendre, passer par la ruelle où demeurait la famille Sauvigné. On était à la fin de novembre, et le temps était mauvais.

Mélanie et Victoire descendaient avec peine la côte; étant en face de la porte, on l'ouvrit avec précipitation. Pauline en sortit, et s'adressant à Mélanie avec la plus vive émotion : Pardon, mademoiselle, si je vous arrête; mais ma mère se meurt;

mon père et mon frère sont absens; ne sachant à qui m'adresser, je vous ai aperçue par la fenêtre de ma chambre, et j'ai pensé... — Oui! oui, mademoiselle, vous me rendez justice. Victoire, portez à la femme Jacques ce que maman lui envoie; moi, je cours au château. — Toute seule, dit Victoire? — Oui, toute seule; maman ne me grondera pas. Soyez sûre, mademoiselle, que vous aurez de prompts secours; et déjà elle était à moitié de la montagne, et en un instant on ne la vit plus.

Pauline, par un mouvement aussi prompt, rentra dans la maison pour revoler auprès de sa mère. Victoire, restée seule, disait : Madame me grondera; mais aurais-je pu la suivre, et encore moins l'arrêter; elle aurait eu des ailes, qu'elle n'aurait pas été plus vite. Quel cœur, que celui de cet enfant-là! Mais allons chez la mère Jacques aussi vite que je pourrai, car le chemin devient bien mauvais; et puis je retournerai au château pour rester avec ces demoiselles, car madame la comtesse va sûrement venir ici. Et cette bonne fille descendit la ruelle. Mélanie était déjà arrivée sur la grande place du village, sur laquelle se trouve la grille de la première cour du château; elle la franchit avec une telle rapidité, qu'elle ne voit rien de ce qu'elle rencontre, et qu'à peine on l'aperçoit. Enfin, elle traverse la seconde cour et est au péristile, monte les marches avec la même vivacité, se trouve dans le salon où elle ne voit que sa mère, et vient tomber presque sans haleine dans ses bras, en lui disant : Madame Sauvigné se meurt; sa fille, que j'ai vue, demande du secours. Elle n'en put dire davantage, tant la rapidité de sa course l'avait suffoquée; la sueur coulait de son front. La comtesse voit tout à la fois le danger de madame Sauvigné et l'extrême fatigue de sa fille; elle confie celle-ci à une de ses parentes, qui était avec beaucoup d'autres femmes dans le salon : lui demande d'exiger de sa fille de changer de linge, de boire un verre de sirop de capillaire dans de l'eau chaude, et surtout de ne la laisser sortir du château qu'après une demi-heure. Quelque chose que Mélanie pût dire pour suivre sa mère, celle-ci n'y consentit pas. Sophie voulait aussi suivre sa mère ; car déjà elle aimait aussi à être utile ; mais la comtesse le veut encore moins.

Madame de Régeville fait avertir le médecin de l'hospice, prend des eaux spiritueuses, et, avec presque autant de vivacité que sa fille, sort de chez elle, en s'excusant vis-à-vis les étrangers qui s'y trouvaient, et, suivie d'un domestique de confiance, elle se rend chez madame Sauvigné, où elle craint d'arriver trop tard : c'était une des raisons qui l'avaient engagée à donner l'ordre d'empêcher ses filles de se rendre chez la malade. Elle craignait qu'elles ne fussent témoins d'une de ces scènes déchirantes qui, dans la grande jeunesse, frappent trop vivement l'imagination, et peuvent avoir le danger, ou de familiariser trop tôt avec les grandes calamités et y rendre insensible, ou à émouvoir si vivement l'esprit d'une jeune personne, qu'elle en reste frappée pour le reste de sa vie : je l'ai dit dans d'autres ouvrages; mais je ne me lasserai jamais de le répéter : on ne saurait trop ménager des organes si tendres, que le moindre choc peut déranger pour toujours. Mais revenons à madame de Régeville.

Elle prit des mains de Lafrance ce qu'il avait apporté, lui recommanda de rester dans la cour jusqu'à ce qu'elle l'appelât. Elle sonna à la porte ; et Adélaïde, le visage baigné de larmes, vint lui ouvrir.—Ah! madame, que vous êtes bonne! ma mère.... O mon Dieu! nous ne savons si elle vit; elle est depuis deux heures sans mouvement, sans connaissance ! — Ayez confiance en Dieu, mademoiselle ; il vous rendra votre respectable mère. Et elle suivit la jeune personne qui lui dit, en l'arrêtant un moment dans la cuisine qui précédait la chambre de madame Sauvigné : Vous allez voir, madame, que nous sommes bien mal logés ; mais vous ne direz pas à papa que vous êtes venue. — Non, mademoiselle, soyez tranquille ; et madame de Régeville se dit intérieurement : Pauline aime mieux sa mère, que ne l'aime Adélaïde ; l'amour-propre cède à une vive tendresse : et ouvrant la porte, elle aperçut Pauline les cheveux épars, à genoux près du lit de sa mère, la soutenant d'une main, et semblant épier de l'autre le premier battement de son cœur. Elle a les yeux fixés sur l'objet qui absorbe toutes les puissances de son âme ; il en tombe quelques larmes rares et brûlantes ; sa bouche est entr'ouverte, elle voudrait de son souffle la réchauffer, elle lui parle, lui donne tous les noms les

5

plus tendres, ou prie à voix basse celui qui frappe et qui guérit, qui donne la vie et l'ôte à son gré, de lui rendre sa mère : il est des instans même où elle croit que son malheur est à son comble. Elle n'a point vu entrer la comtesse ; elle se souvient à peine qu'elle a prié Mélanie que sa mère vînt à son secours, quand tout-à-coup elle l'aperçoit. — Ah ! dit-elle, sans changer de position, madame, dites-moi s'il faut que je meure ? Elle n'a point osé articuler la cause qui la ferait mourir, elle peut dire qu'elle mourra ; mais jamais, jamais elle ne pourrait prononcer ce mot terrible !... a-t-elle cessé d'être ? — Vivez, mademoiselle (1), pour votre

---

(1) On fera observer dans tous ces dialogues, que M. et madame de Régeville appellent tout ce qui compose la famille Sauvigné, monsieur, madame et mademoiselle ; non qu'ils ne sentissent pour eux une grande affection, mais parce qu'ils craignaient qu'un ton amical, dans la posi-

intéressante malade, qui n'est qu'évanouie. — En êtes-vous sûre, madame? — Tout me le fait croire ; il y a encore de la chaleur. Les traits ne sont point changés ; mais, enfin, M. Talmont nous instruira mieux qu'un autre. — Vous l'avez fait avertir, madame ?...... Il est sûrement tout près d'ici. Et Pauline prenait les mains de la comtesse, les serrait contre son cœur, voulait les baiser ; mais madame de Régeville ne le souffrit pas : elle s'occupait à faire respirer de l'eau de la reine de Hongrie (1) à la malade, qui restait toujours dans la même insensibilité.

---

tion où ils se trouvaient avec eux, ne parût celui d'une familiarité méprisante ; ce que l'on doit éviter soigneusement, lorsqu'on oblige des gens au-dessus de la classe commune.

(1) Eau fort à la mode alors, qui a pour base le romarin distillé ; l'eau de Cologne l'a remplacée.

Enfin, M. Talmont arrive; Agathe lui indique la porte du corps-de-logis : il trouve facilement la chambre où l'on s'empressait, sans succès, à rappeler madame Sauvigné à la vie.

Le médecin est frappé de l'extrême maigreur de la malade, qui ne lui paraît point âgée. La pauvreté de l'ameublement lui indique la cause de ce marasme, excès de travail et une mauvaise nourriture. Il avait apporté des cordiaux : il lui desserre les dents avec beaucoup de peine, et fait couler quelques gouttes de cet élixir dans la bouche de madame Sauvigné; mais elle n'avalait point : il craignait la paralysie du gosier. Madame de Régeville lisait dans les yeux du docteur, qu'il la trouvait très mal; et la comtesse en ressentait une profonde douleur. Il écrivit une ordonnance, que madame de Régeville porta à Lafrance, en lui disant de prendre le cheval du fermier, dont la ferme était au bord de la rivière, pour ne pas perdre de temps en remontant au château. Elle connaissait son zèle; elle savait qu'il irait ventre à terre. A cet instant, Victoire remontait la ruelle; elle vit la comtesse, lui demanda ses ordres. Retournez promptement au château, lui dit-elle, pour tranquilliser mes filles; puis elle ne s'occupa qu'à seconder les soins du médecin. Les jeunes personnes n'osaient l'interroger; mais leurs alarmes croissaient à chaque instant. Adélaïde y joignait celles du retour de son père; mon Dieu! que dira-t-il en voyant des étrangers dans sa maison? Pour Pauline, elle ne pensait qu'à sa mère, qu'à l'horrible idée de la voir s'éteindre: elle lui réchauffait les pieds et les mains qui étaient glacés. Adélaïde, non moins active, quoique plus orgueilleuse, faisait chauffer des linges pour mettre sur l'estomac de sa mère; et celle-ci ne revenait pas. Enfin, Lafrance apporta le spécifique 1andé; la malade n'avait pas encore donné le moindre signe de connaissance.

La comtesse, à qui le médecin avait dit en anglais, qu'elle seule entendait, que si le remède, qu'il avait envoyé chercher à Rouen, ne réussissait pas, il n'y avait plus d'espoir, se hâta, dès qu'elle entendit entrer dans la cour, de venir prendre la bouteille des mains de son domestique, pour la porter au médecin, ne négligeant pas toutefois les soins pour ce zélé serviteur, qu'elle fit entrer dans la cuisine où il y avait du feu. Il tombait une pluie froide qui l'avait trempé, et elle lui dit de se sécher et d'attendre.

M. Talmont eut bien de la peine à faire pénétrer une cuillerée de cette potion dans la bouche de la malade, qui en éprouva un effet si prompt, qu'elle put avaler : elle ouvrit aussitôt les yeux ; mais elle fut si inquiète en voyant la comtesse et le médecin, qu'elle les referma aussitôt, et fit un profond soupir. — Ne craignez rien, lui dit alors la comtesse, avec l'accent enchanteur qu'elle avait reçu de la nature, vous êtes avec des amis, qui se retireront dès que leurs soins ne vous seront plus utiles, et sûrement avant le retour de M. Sauvigné. Alors, la physionomie de la malade prit un caractère si touchant, que jamais la reconnaissance ne s'était montrée sous des traits plus sublimes. Son regard dévoila dans ce moment à la comtesse toute son âme, que celle-ci était digne d'entendre Le médecin trouva de la fièvre, et ordonna beaucoup de repos, de l'excellent bouillon, de la crême de riz, des gelées de viande, et pour boisson du vin de Bordeaux, coupé avec de l'eau de squine. Madame Sauvigné dit en secouant la tête : — Toute cette recette est excellente; mais je ne pourrai la faire, parce qu'il faudrait dire qui me l'a donnée. Au nom de Dieu ! madame la comtesse, et vous, M. Talmont, je vous conjure, qu'on ne sache pas que vous êtes venus ici ! Mon mari et mes fils sont absens, ils ne reviendront que sur les huit heures du soir.

— Eh bien! dit madame de Régeville, nous avons le temps de vous procurer tout cela, que vous prendrez sans que seulement ils s'en doutent. Retournez au château, mon cher docteur; faites-en apporter tout ce que vous avez ordonné, et dites à ma fille qu'elle vienne, mais sans Sophie.

M. Talmont ne perdit pas un instant. Mélanie et Victoire arrivèrent un moment après. Victoire resta dans la cuisine; Mélanie entra seule, et elle était si joyeuse de trouver madame Sauvigné rendue à la vie, qu'elle le témoigna à la mère et aux filles avec une vive affection.

Victoire apportait tout ce qui avait été demandé. Pauline s'en empara et le serra dans un grand coffre que son père et ses frères n'ouvraient jamais. Il fut convenu que l'on se trouverait à la fontaine pour avoir des nouvelles, les donner au médecin qui suivrait la maladie, qu'il avait assuré n'avoir d'autres causes que la fatigue et une nourriture trop lourde et pas assez substantielle. On resta jusqu'à huit heures du soir. La malade avait fait usage de ce qu'elle devait aux soins et à la générosité de madame de Régeville, et le mieux était sensible. Elle ne quitta cette intéressante famille, qu'en assurant la mère et ses deux filles que leur sort changerait, et sous peu de temps. — Je ne le crois pas, dit madame Sauvigné ; mais je n'en conserverai pas moins une vive reconnaissance de ce que vous faites pour moi : et on se promit un attachement sincère et réciproque.

HUITIÈME ENTRETIEN.

Ces dames revinrent au château, et racontèrent à M. de Régeville et au bon abbé Ralet, tout ce dont elles avaient été témoins ; mais, ajouta madame de Régeville, il n'y a pas un moment à perdre, si l'on veut sauver madame Sauvigné, ou elle mourra de consomption.

Le Comte. — Que faut-il faire? Vous voyez comme sa femme et ses filles craignent M. Sauvigné; il sera impossible de le fléchir.

La Comtesse. — J'ai une idée que je vais vous communiquer, et qui, j'espère, réussira au moins pour remédier aux plus pressans besoins. Faites partir demain Lafrance; qu'il aille en poste à Paris avec une lettre de vous à M. Roux : il faut qu'il écrive à madame Sauvigné, que sa belle-mère a appris qu'elle était malade de fatigues, qu'elle en était très touchée : si cela n'est pas, cela doit être; qu'en conséquence elle renonce à 600 liv. de son revenu pour que sa bru ait une servante : alors je placerai chez elle la fille de la veuve Jacques, qui nous servira à faire entrer chez madame Sauvigné tout ce qui lui sera nécessaire.

Cette idée parut excellente, et dès la

pointe du jour Lafrance partit avec la lettre du comte. Trois jours après, madame Sauvigné reçut la lettre de M. Roux. Elle était encore bien faible; et son mari, qui avait été bien affligé quand il avait su qu'elle avait été si mal, consentit à ce qu'il croyait que sa mère désirait, et il lui fit une réponse fort touchante et pleine des sentimens de la plus sincère reconnaissance; il la terminait ainsi : « Je n'avais calculé que la moindre portion de douleur que la privation totale de la fortune peut faire éprouver ; car je n'avais pas pensé ce que l'on souffre en voyant les jours de ce qu'on aime menacés, sans moyen de pouvoir y porter remède; mais grâce à vous, ma mère, disait-il, ma respectable compagne sera exempte de travaux au-dessus de ses forces. C'est avoir fait pour moi bien plus qu'en me donnant la vie. Que ne me permettez-vous de vous en témoigner ma reconnaissance, en vous serrant dans mes bras ! Rendez, rendez à votre fils la tendresse que vous aviez autrefois pour lui, et son respect égalera, etc.....»

Cette missive arriva à madame Sauvigné la mère, et je laisse à penser l'étonnement qu'elle causa à cette dame qui ne savait ce que voulait dire une telle lettre de son fils, qu'elle prit pour une dérision; ce qui l'irrita plus encore contre lui. Celui-ci ne recevant pas de réponse, vit bien que c'était en vain qu'il s'était flatté de voir revenir sa mère à des sentimens d'amour maternel, et qu'il fallait y renoncer.

Cependant la fille de la mère Jacques était établie chez madame Sauvigné, et elle la servait avec d'autant plus de zèle, que madame de Régeville payait à sa mère une petite pension, pour la dédommager de ce que sa fille eût fait d'ouvrage pour elle. Marie venait, en courant, chercher au château, quand elle sortait pour aller à la fontaine, ce que le médecin ordonnait. La santé de madame Sauvigné se rétablit entièrement, et mesdemoiselles de Régeville eurent la satisfaction de la voir à l'église, et de lui dire quelques mots en sortant, qui lui prouvaient le tendre intérêt qu'elles prenaient à elle et à sa famille.

La ferme était construite; il ne fallait plus que s'occuper de l'intérieur, et d'y mettre des bestiaux. Déjà M. de Régeville avait acheté la récolte de la dernière année du bail (1). Déjà les chevaux, les vaches, les moutons étaient dans les bâtimens. On avait établi la mère Jacques et ses enfans pour les soigner, et commencer les labours; car l'aîné de ses fils avait dix-huit ans, et était déjà bon charretier.

Quelque temps après ces opérations, M. de Régeville fit un voyage à Paris où il passa près d'un mois; ce qui ennuyait

---

(1) On paie au cultivateur les frais de labour et d'ensemencement, on le décharge de la redevance, et on fait la moisson comme si on avait cultivé.

beaucoup ses enfans. Edouard n'avait plus rien à faire à la ferme, et on ne s'occupait pas de meubler la maison du fermier. A l'exception de la cuisine, de la laiterie et de la chambre de la mère Jacques, tout était vide. On n'avait fait que de gros linge, et il n'était plus question du trousseau de la famille Sauvigné, dont on semblait ne plus s'occuper, ne faisant autre chose pour elle que de faire payer par M. Roux les 600 fr. avec une grande exactitude, et d'envoyer par Marie des choses saines et délicates à madame Sauvigné : du reste, on ne parlait plus de les établir dans la jolie ferme. M. Ralet même disait qu'il croyait que le comte était allé à Paris pour la vendre, et cela chagrinait beaucoup les enfans, qui déjà disaient : Si papa vend la jolie ferme, nous ferons enlever nos arbres ; certainement nous ne les confierons pas à des étrangers.

Edouard. — Bien sûrement : si j'avais su de quelle manière tout cela tournerait, je ne me serais pas levé tout l'été dernier à trois heures du matin, pour suivre les ouvriers ; je ne me serais pas privé de la chasse, de la pêche, enfin de tous les plaisirs que j'aurais pu goûter avec papa ; je n'aurais point négligé mes études, pour faire avancer les travaux, et tenir en ordre la dépense qu'ils occasionaient. Ah ! j'y ai bien du regret.

L'abbé Ralet. — Vous avez tort, mon ami ; on ne doit jamais se repentir d'avoir fait une chose utile, et y a-t-il rien qui le soit davantage qu'un bâtiment propre à une exploitation rurale ; les connaissances que vous avez acquises en ce genre, ne sont-elles rien pour celui qui est appelé à être un jour propriétaire de grands domaines ? connaissances qui vous mettront à même de n'être pas trompé dans les réparations que vous aurez sans cesse à faire, et sur lesquelles vous gagnerez, tant pour le prix que pour la solidité, et qu'en arrivera-t-il ? qu'en faisant sur cet objet de véritables économies, il vous restera plus de moyens de soulager les malheureux. Croyez-vous que quelques heures de sommeil de moins, et quelques plaisirs qui auraient passé aussi rapidement que le temps, ne sont pas bien payés par ces avantages?

Charles. — Je ne sais comment cela se fait, mais mon bon ami a toujours raison; car, en dernier résultat, que cette ferme soit à Pierre ou à Paul, cela doit nous être bien indifférent, pourvu qu'elle soit bien bâtie, bien commode, comme celle-ci : pour moi, je ne regrette pas les soins que je me suis donnés.

Edouard. — Ils n'étaient pas considérables, car tu aimais mieux dénicher les oiseaux dans le verger, et faire des bouquets pour Mélanie, que de voir compter les tuiles, les paquets de lattes, peser le fer, le plomb, mesurer les pièces de bois et les pierres, etc.

Charles. — Vous suffisiez, monsieur

mon frère aîné, à ces soins, et je n'aurais pas voulu vous en ôter le mérite. Moi, je montais sur les arbres pour mieux voir si les ouvriers travaillaient bien, et ne perdaient pas de temps.

Edouard.—Voilà une plaisante manière de surveiller des ouvriers.

Mélanie, accourant avec Sophie. — O mes amis! voilà une bien triste nouvelle; la ferme est vendue.

Edouard. — Et à qui?

Mélanie. — A une vieille dame de Paris, qui n'est point une fermière, à une femme riche; mais ce qui me désole, c'est qu'elle apporte tout ce qui est nécessaire, meubles, linge, argenterie; et moi je n'aurai plus rien à faire, et mes pauvres petites amies ne viendront pas habiter cette demeure que j'ai vu bâtir avec tant de plaisir.

L'abbé Ralet. — Mais cette dame a peut-être des enfans?

Mélanie. — Non, maman, m'a dit qu'elle est toute seule; point de mari,

5.

point d'enfans, riche, voilà tout. Je suis sûre qu'elle est on ne peut pas plus désagréable; elle va s'établir au château tout le temps que l'on meublera la ferme; mais elle ne s'en occupera pas. Maman a déjà dit que ce serait moi qu'elle en chargerait. En vérité, je ne m'en soucie guère. La famille Sauvigné m'intéressait : je me serais volontiers donné de la peine pour elle; mais pour cette vieille femme : oh! si maman ne l'exige pas, je n'en ferai rien.

L'abbé Ralet. — Vous ferez toujours, dit-il en rentrant dans le château pour voir la lettre du comte, ce qui sera bien; car vous êtes raisonnable et complaisante.

Sophie. — Tu as raison, ma sœur; à ta place, je ne ferais rien du tout. Cette vieille dame ne trouverait rien à son gré : je suis sûre qu'elle est tracassière, maussade.

La Comtesse arrivant dans le bosquet. — De qui parles-tu donc?

Sophie. — Je disais que lorsque l'on se mêle des affaires des autres, souvent on s'attire des tracasseries maussades.

La Comtesse. — Vraiment. Eh bien! je croyais que c'était de madame de Ponthieu que tu parlais, et tu aurais bien tort, car ton papa m'écrit que c'est une femme charmante : elle a été d'une grande beauté, et conserve encore une physionomie noble et gracieuse; elle a beaucoup d'esprit, de talens, a toujours vécu dans le plus grand monde : ce sera pour moi une société très agréable, et qui ne pourra que vous être utile; elle vient ici finir ses jours dans la solitude, pour s'y occuper de Dieu et du bonheur de ses semblables; elle gardera la famille Jacques.

Charles. — Ah! tant mieux; ce sont de si honnêtes gens!

Mélanie. — Et vous n'éprouvez pas, ma mère, du regret, en voyant que la famille Sauvigné n'habitera pas la jolie ferme?

La Comtesse. — Apparemment ce n'était pas dans les desseins de la Providence, qui fait toujours tout pour le mieux. Mais rentrons pour déjeûner, et nous nous occuperons tout de suite de faire préparer l'appartement de madame de Ponthieu. Je crois qu'elle arrivera ce soir avec mon mari. Toi, mon cher Edouard, dis à Jacques qu'il nettoie parfaitement la maison de la ferme, le premier et le second, pour que le frotteur puisse, dès ce matin, mettre en couleur et cirer les parquets. Ces ordres donnés, on rentra.

NEUVIÈME ENTRETIEN.

Toute la journée Mélanie fut triste, et Edouard eut de l'humeur : cependant ils se faisaient un sensible plaisir de revoir leur père, car il n'avait jamais fait, depuis qu'il avait quitté le service, d'aussi longue absence. Après dîner, on alla attendre dans l'avenue qui conduisait à la grande route madame de Ponthieu. Sur les sept heures du soir, on entendit les coups de fouet ; et Lafrance, qui courait devant son maître, passa en disant que la voiture était à une portée de fusil. Madame de Régeville, ses enfans et l'abbé Ralet se levant, allèrent au devant du comte et de sa compagne de voyage.

Dès que le comte aperçut sa famille, il fit arrêter, et descendit. Madame de Ponthieu voulut aussi descendre. C'était une femme qui paraissait avoir soixante ans, mais parfaitement conservée : elle était en habit de voyage très recherché, et au premier abord, on pouvait s'apercevoir qu'elle avait le meilleur ton ; elle parlait en très bons termes. Les enfans qui s'étaient fait d'elle une idée fort désagréable, furent tout étonnés de la voir si différente de ce qu'ils la croyaient. Elle avait avec elle une femme de chambre d'environ trente ans, très élégante, et une superbe levrette, que l'on aurait prise pour un chien d'albâtre, tant elle avait la peau blanche et transparente! Du reste, la voiture était remplie de cartons, de paquets, de sacs de taffetas de toute grandeur et de toute couleur; mais rien à qui madame de Ponthieu prit autant d'intérêt qu'à une petite cassette qui paraissait assez lourde: elle la recommanda bien à Camille; c'était le nom de sa femme de chambre. On porta tout dans l'appartement de madame de Ponthieu, et on l'invita à se mettre à table; car on n'avait fait à Saint-Lô qu'un déjeûner-dîner, afin de pouvoir souper de bonne heure, et que madame de Ponthieu pût se reposer. Elle fut très aimable pendant le repas, parlant de tout avec facilité, et témoignant à madame de Régeville le plus vif désir de lui plaire. L'abbé lui demanda à quelle heure le lendemain elle irait voir la jolie ferme?

Madame de Ponthieu. — Je n'y mettrai pas le pied que tout ne soit prêt pour que je puisse y loger; je m'en rapporte entièrement à tout ce que feront M. et madame de Régeville. J'ai acheté sans voir, j'irai y demeurer sans en savoir davantage. D'ici là je vous demande la permission de ne pas sortir du château, je déteste la promenade et je crains les intempéries.

La Comtesse. — Vous ferez, madame, tout ce qui vous conviendra : soyez sûre que vous serez ici comme dans votre propre famille.

Madame de Ponthieu. — J'y compte, madame, et j'ai trop d'obligations à M. de Régeville pour ne pas être certaine que vous me voyez avec plaisir. On est si bien avec ceux dont on fait le bonheur ! On n'en dit pas davantage, et on conduisit madame de Ponthieu dans son appartement, où Camille l'attendait pour la déshabiller.

Les domestiques, qui sont les mêmes partout, c'est-à-dire curieux, demandèrent à cette demoiselle Camille qui était sa maîtresse? — Je n'en sais rien, dit-elle; c'est M. le comte qui m'a placée auprès d'elle, et je n'ai vu ma maîtresse qu'aux Champs-Elysées, où M. le comte m'avait donné rendez-vous. La voiture s'est arrêtée; j'ai monté dedans, et me voilà. On m'a dit que madame se nomme de Ponthieu, mais je n'en sais pas davantage. J'ignore ce qu'elle a dans ses malles et dans tous ses paquets; ce n'est pas moi qui les ai faits : du reste, elle paraît bonne maîtresse; et puis ce n'est pas un mariage. Si je m'ennuie dans sa ferme, je retournerai à Paris. Ce récit ne satisfit pas nos curieux, mais fit prendre de madame de Ponthieu une idée extraordinaire. Nous verrons par la suite si on avait raison de la croire une femme bizarre.

Le lendemain, de grand matin, M. et madame de Régeville entrèrent chez madame de Ponthieu, et y restèrent enfermés trois heures, pendant que leurs enfans prenaient leur leçon avec l'abbé Ralet.

Ils auraient bien voulu lui demander ce qu'il pensait de celle qui avait acheté la jolie ferme; mais ils savaient qu'il n'aimait pas les questions, et que de tous les défauts, celui qu'il détestait le plus, était la curiosité. Ils se turent; mais ils pensaient toujours à la famille Sauvigné, en regrettant qu'elle n'eût pas l'agréable habitation qui lui avait été destinée. Le comte vint en sortant de chez madame de Ponthieu, pour chercher ses fils, afin d'aller voir si tout était prêt à recevoir les meubles, qui ne tarderaient pas à arriver.

Cependant on fut deux jours sans que rien ne vînt; dans cet intervalle, madame de Régeville rencontra Pauline et sa sœur sur la place. Elle les aborda et leur dit : qu'il y aurait incessamment une fort belle fête à la jolie ferme, dont la propriétaire se mettrait en possession dans quelques jours. Il est essentiel que vous y veniez.
— Mon père ne le voudra pas. — Nous le lui ferons vouloir.

Madame de Ponthieu est une veuve riche, sans enfans ; elle peut être utile à votre famille ; il ne faut pas repousser les ressources que la Providence nous envoie.

Pauline. — Cela ne sera pas possible ; M. Sauvigné ne le voudra pas, et elles se séparèrent. Un soir Marie vint au château, et remit à la comtesse une lettre de madame Sauvigné, qui en contenait une autre de sa belle-mère. Je vais les rapporter l'une et l'autre.

Lettre de madame Sauvigné à la comtesse de Régeville.

Saint-Lô, le 6 mai 1821.

« Vous serez sûrement, madame la Comtesse, aussi surprise que moi, en lisant la lettre de ma belle-mère. Voilà la première fois qu'elle m'honore du nom de fille ; j'en suis bien satisfaite. M. Sauvigné permet que nous soyons à la fête. La caisse indiquée par la lettre est arrivée ; tout est du meilleur goût et d'une simplicité charmante. Ce qui est fort extraordinaire, c'est que tous les habits et les robes sont faits à la taille de ceux à qui ils sont destinés : enfin nous irons à la fête, et nous y paraîtrons très décemment. Excusez-moi auprès de madame de Ponthieu, si je n'ai pas l'honneur de la voir avant le jour de cette agréable réunion ; mais je craindrais de la déranger : on dit qu'elle ne reçoit personne.

» Recevez, madame, les assurances, etc., etc.

» LUCILE DE SAUVIGNÉ. »

Lettre de madame de Sauvigné à sa bru.

Paris, le 2 mai 1821.

« Le temps qui rompt quelquefois les unions les plus tendres, amortit aussi les ressentimens les plus justes et les plus vifs. J'approche de ma fin, et je veux vous donner une marque que j'ai cessé, ma fille, de vous haïr. Vous recevrez, en même temps que celle-ci, une caisse où vous trouverez tout ce qui peut vous faire paraître, vous, votre mari et vos enfans, d'une manière, sinon riche, au moins décente. Vous m'obligerez de vous en servir pour aller à la fête que doit donner madame de Ponthieu, lorsqu'elle s'établira dans cette jolie ferme que votre mari n'a pas voulu acquérir, je ne sais trop pourquoi, si ce n'est, parce que c'est un original, qui l'a toujours été, et le sera tant qu'il vivra. Je désire que vous cherchiez à vous lier avec madame de Ponthieu : c'est ma meilleure amie; nous ne nous sommes jamais perdues de vue; elle n'a point d'enfans : si les vôtres lui plaisent, elle les adoptera, et réparera les folies de leur grand-père. Dites à mon fils que j'ai reçu dans le temps sa lettre, que je n'y ai rien compris : c'est lui ou moi qui ne savons ce que nous disons : comme la mère, je réclame la priorité, surtout à vous assurer, mes filles, ainsi qu'Auguste et ses fils, des sentimens que la nature vous donne sur mon cœur.

» Votre mère,

» Eléonore Montbrun de Sauvigné. »

Madame de Régeville appela ses filles, et leur lut les deux lettres ; elles en éprouvèrent une joie extrême. Nous les verrons, ces aimables jeunes personnes, à la fête. C'est alors que nous y trouverons vraiment du plaisir, et puis nous pouvons nous dire : Il est bien possible que madame de Ponthieu laisse sa jolie ferme aux enfans de son amie, puisqu'elle est riche et n'a point d'enfans. Ah! quel plaisir si ce bien pouvait être un jour celui de nos bons amis !

La Comtesse. — Ainsi vous voyez cette bonne et aimable femme déjà morte, pour que vos jolies voisines soient en possession du bien qu'elle ne leur laissera peut-être pas. O jeunesse, jeunesse ! avec quelle légèreté vous parlez des événemens les plus graves de la vie ! mais il faut vous laisser cette innocente étourderie. Vous rendre par trop circonspecte, se serait ôter au papillon ses ailes parées de vives couleurs qui le portent de fleurs en fleurs. La jeunesse et le printemps se rassemblent ; tout y parle à l'imagination, et embellit les sujets les plus tristes, comme la fleur nouvelle croît sur les rochers les plus escarpés, quand le zéphyr ranime la nature

Le Comte. — Fort bien ! ceci est poétique (1), ma chère : vous partagez un peu le délire de nos enfans.

La Comtesse. — J'en conviens ; je me sens heureuse du bonheur de la digne madame Sauvigné. Cette bonne mère, quelle joie elle éprouvera en s'occupant de la toilette de ses filles ! comme elles seront

---

(1) A cette époque, on ne se servait pas, dans le style, du mot *romantique.*

jolies, étant bien mises ! C'est beaucoup
que le sauvage n'ait pas tout renvoyé. Je
vais écrire à Lucile, pour lui faire mon
compliment, et lui dire tout le plaisir
que nous nous faisons d'être à la fête,
puisque nous aurons celui de l'y voir ainsi
que sa belle famille ; et elle rentra pour
écrire et renvoyer Marie. Ses filles la suivirent. Mélanie eût bien voulu aller voir
la parure de ses voisines ; Sophie le désirait aussi : mais on craignait que cela ne
contrariât le philosophe. Cependant madame de Régeville, qui aimait aller au-
devant des désirs de ses filles, ajouta,
par *post-scriptum,* à sa lettre :

« S'il n'y avait pas d'indiscrétion, Mélanie et Sophie auraient un grand plaisir
à aller passer quelques instans avec leurs
aimables voisines, les voir, et les parures
que leur aïeule leur envoie. » Marie partit
et revint aussitôt dire que ces demoiselles
feraient beaucoup d'honneur à mesdemoiselles Sauvigné, si elles voulaient venir

chez elles ; qu'elles leur en éviteraient la peine, en leur faisant porter ce qui leur est arrivé de Paris, mais que ce serait bien embarrassant. On se mit aussitôt en chemin avec Victoire, qui était la seule de ses femmes à qui la comtesse confiât ses filles. Marie courait devant pour qu'elles n'attendissent pas à la porte, qu'elle leur ouvrit aussitôt qu'elles se présentèrent.

DIXIÈME ENTRETIEN.

Pauline. — Ah! mesdemoiselles, que j'ai de plaisir à vous voir! Venez dans la chambre de maman, où nous avons étalé tout ce que ma bonne maman nous envoie, et qui est charmant.

Mélanie. — Nous nous faisons un grand plaisir de partager votre satisfaction.

Adélaïde. — On ne passe plus par la cuisine. Papa a fait ouvrir une porte-fenêtre sur le jardin. En effet, on tournait l'angle de la maison ; et on se trouvait sur un petit parterre sur lequel donnait cette porte. La chambre était tendue en toile bleue et blanche, avec les rideaux pareils; les chaises de canne avaient remplacé celles de grosse paille, qui étaient les seules qui y fussent, quand madame de Régeville et sa fille vinrent au secours de Lucile : enfin tout avait pris un aspect moins âpre, et on voyait que M. Sauvigné se laissait peu à peu gagner par le désir de rendre sa femme et ses filles plus heureuses.

Madame Sauvigné reçut les filles de sa bienfaitrice avec l'expression d'une sincère affection, et cependant elle était loin de savoir tout ce qu'elle devait à leur mère. On fut enchanté des ajustemens qui étaient destinés pour la fête. Si j'en faisais la description, on aurait peut-être peine à comprendre comment cela pouvait être joli ; car ces mêmes parures, si agréables alors, seraient aujourd'hui bien ridicules ; des mousselines des Indes doublées de taffetas couleur de rose pour les filles, de taffetas jaune pour la mère ; des Perses d'une extrême finesse, mais à grands ramages ; des robes à plis, rattachées par une ceinture à boucles ; un manteau à grande queue ; des manchettes de dentelles ou de blondes à trois rangs ; des écharpes de dentelles noires, d'autres de taffetas blanc, garnies de blondes ; des bonnets montés avec des rubans de couleur, des échelles pareilles ; des nœuds de manches, des aigrettes pour les jeunes personnes, des bouquets de fleurs d'Italie ; enfin des paniers, qui, parce que c'était pour la campagne, n'avaient pas plus de deux aunes de tour. Joignez à cela des esclavages de perles, des colliers de grenat, des boucles d'oreille de diamans pour la mère, de perles pour les jeunes personnes, des boîtes à mouches, des flacons, des ciseaux, des dés d'or où le métal n'était pas épargné, mais dont

la forme n'avait rien de l'élégance des
ijoux que l'on suit à présent. Que l'on
juge du plaisir que ces aimables enfans
éprouvèrent, en retrouvant, ainsi que leur
mère, une partie de ce qu'elles avaient
sacrifié à l'arrangement des affaires des
deux successions, dans lesquelles, loin
d'avoir hérité, leur père s'était chargé
des dettes qui excédaient les fonds. Mélanie voulut que Pauline essayât une des
robes ; elle lui allait à ravir. C'est une
chose extraordinaire, disait madame Sauvigné, que ma belle-mère ait pu avoir
nos mesures pour faire nos robes aussi
bien à nos tailles ! Les habits de mon mari
et de mes fils vont de même parfaitement
bien ; et ce qui est singulier, c'est qu'elle
ne m'a jamais vue ni aucun de mes enfans. — C'est fort surprenant, disait Mélanie. On offrit à ces demoiselles de se
rafraîchir : elles acceptèrent une tasse de
lait, qu'elles trouvèrent meilleur que celui du château, et cela pouvait être. Un

troupeau considérable ne peut jamais être soigné, et surtout nourri, comme une ou deux vaches. Mesdemoiselles de Régeville ne virent point MM. Sauvigné; ils étaient sortis dès le matin pour vendre des luzernes qui leur restaient de la dernière récolte. Mélanie n'en fut pas fâchée; elle n'aimait pas le père, et s'embarrassait peu des fils. Victoire avertit ces demoiselles que l'heure du dîner approchait : elles quittèrent avec regret la mère et les filles, désirant vivement que le jour de la fête ne fût pas retardé. On revint au château rendre compte à la comtesse de tout ce que l'on avait vu.

Sophie. — Oh! maman, comme tout ce que madame Sauvigné a envoyé à ses filles est beau et du meilleur goût!

Mélanie. — Il n'y a pas que des parures, il y a aussi une grande malle pleine du plus beau linge. C'est bien singulier qu'elle leur ait donné tout cela après avoir été vingt-cinq ans sans vouloir voir ses enfans, qui depuis deux ans étaient réduits à la pauvreté, pour qu'elle pût rester dans l'aisance.

Madame de Ponthieu. — Je me suis intimement liée avec madame Sauvigné; je ne disconviens pas qu'elle a eu de grands torts : cependant elle n'a point eu celui qu'on lui attribue, de la dureté envers sa famille: son fils lui a toujours laissé ignorer de quelle manière il avait liquidé les successions; elle croyait qu'il avait conservé assez de bien de sa ferme pour vivre dans une situation tranquille et douce, et il n'y a que fort peu de temps qu'elle sait qu'il a condamné sa femme et ses enfans aux travaux les plus pénibles, pour assurer à sa mère une position agréable; elle en a été fort touchée, et au moment où elle a su que j'avais acheté la jolie ferme dans le voisinage de la maison qu'habitaient ses enfans, elle m'a bien priée de veiller à ce que ses petites-filles et leur mère ne manquassent de rien; elle s'est plu à leur faire retrouver une partie de ce qu'elles ont perdu pour elle : ainsi, mademoiselle, vous voyez qu'à présent elle tâche de réparer, autant qu'elle le peut, le mal qu'elle a causé sans le savoir.

Mélanie. — Pourquoi ne veut-elle pas voir son fils ? Comment une mère peut-elle se résoudre à vivre séparée de ses enfans ?

La Comtesse. — Je suis, ma chère Mélanie, fort étonnée que vous vous permettiez de juger la conduite de madame Sauvigné, et plus encore que vous vous en expliquiez si légèrement avec madame, que vous savez être son amie.

Madame de Ponthieu. — Laissez, laissez-la parler librement; on n'apprend, hélas! que trop tôt à déguiser la vérité.

Mélanie. — Madame m'excusera, mais c'est que j'aime beaucoup Pauline. Oh ! je n'oublierai jamais l'instant où elle m'a arrêtée dans la ruelle, pour me dire que sa mère se mourait. Si vous aviez vu, madame, quel profond désespoir se peignait dans ses traits. Pauline est belle ; mais il y a surtout dans sa physionomie quelque chose de si touchant, qu'on ne peut la regarder sans mêler ses larmes aux siennes; et puis, si vous aviez été là quand elle soignait sa mère. Quelle tendresse! quel dévouement! On voyait dans ses regards qu'elle ne comptait la vie qu'autant qu'elle pouvait être utile à sa mère. Oui, je suis sûre qu'elle serait morte, si madame Sauvigné eût succombé à sa maladie. En voyant ces deux intéressantes créatures souffrir autant, je vous avoue que j'en voulais au mari de les condamner à autant de peines; mais puisque vous assurez, madame, que madame Sauvigné changera de conduite avec ses enfans, je me raccommoderai avec elle. Quant à M. Sauvigné, Marie dit qu'il est bien plus aimable depuis que sa femme a été malade.

La Comtesse. — Comment le sait-elle? Elle n'entrait pas avant dans la maison.

Mélanie — C'est Adélaïde qui le lui a dit.

La Comtesse. — Ainsi vous avez eu avec elle une longue conversation ?

Mélanie. — Non, maman ; j'ai entendu qu'elle le disait à Victoire.

La Comtesse. — Je suis fâchée, ma fille, que vous donniez à madame une aussi mauvaise opinion de votre éducation. A quoi a-t-il servi que je ne vous aie pas abandonnée un instant aux soins de mes femmes depuis votre naissance, si vous profitez d'un peu plus de liberté que la campagne vous donne, pour entrer en relation avec des personnes qui peuvent être estimables, avoir même des vertus supérieures à celles de notre classe, mais auxquelles le défaut d'instruction donne un bavardage que malheureusement trop de femmes ont acquis dans leur jeunesse, par l'exemple de leurs gouvernantes.

Mélanie. — Maman, j'ai eu tort ; je ne l'aurai plus ; mais je vous assure que je m'ai été entraînée que par le vif intérêt que mesdemoiselles Sauvigné m'inspirent.

Madame de Ponthieu. — Et que j'espère que les petites-filles de mon amie mériteront toujours. Venez, ma chère Mélanie, que je vous remercie, au nom de mon amie, de vous être réconciliée avec elle; peut-être un jour aura-t-elle l'honneur de vous connaître, et alors vous verrez qu'elle n'est point dure, et encore moins méchante : elle adorait son fils, et avait mis en lui ses plus chères espérances; mais elle était vaine et légère; défaut que l'adulation des hommes et une grande fortune portèrent au plus haut degré. Elle en a été punie; elle veut en réparer les suites funestes. A ces titres, j'espère qu'elle méritera l'estime d'une famille comme la vôtre, si jamais elle vient dans ce pays.

Mélanie. — Oh! maman, vous devriez bien lui écrire que nous aurions tous un grand plaisir à la voir; elle trouverait sa bru et ses petites-filles si aimables!

La Comtesse. — Ce que madame, qui est l'amie intime de madame Sauvigné, n'a pu encore obtenir, je n'aurais pas la prétention qu'on me l'accordât. Laissons faire au temps, qui peu à peu cicatrise les plaies. L'orgueil maternel a peine à faire des démarches qui le blesseraient. En général, mes enfans, je le dis devant madame, parce qu'elle pense sur cela comme moi : rien de si fâcheux que d'avoir eu tort : c'est pourquoi il faut tâcher de ne l'avoir que le moins possible ; car on se trouve entre deux extrémités pénibles, ou de persister dans sa faute, ou d'éprouver l'humiliation d'en convenir. Cependant pour une âme honnête, il n'y a pas à balancer : aussi je suis bien sûre que madame Sauvigné cédera un jour au besoin d'être mère ; c'est à madame seule que nous devrons ce miracle.

Pendant que ces dames s'entretenaient ainsi, MM. de Régeville revinrent. Les chariots qui portaient les meubles et les malles de madame de Ponthieu, étaient arrivés, et l'abbé Ralet était resté à les faire décharger. — Il demande, madame, dit le comte, en s'adressant à l'amie de la mère de la famille Sauvigné, que vous vouliez bien lui dire de quelle manière vous désirez que l'on place les meubles, tant au premier qu'au second. Si vous aviez voulu aller jusqu'à la ferme, il fait beau.

Madame de Ponthieu. — Je ne suis pas habillée ; je crains de rencontrer du monde.

Le Comte. — Vous ne rencontrerez personne en passant par le parc ; vous y serez tout de suite.

Madame de Ponthieu. — Il faut faire ce que vous voulez. Attendez-moi, je vais remonter dans mon appartement pour changer de robe ; je suis à vous.

Le Comte. — Le goût de la parure est le dernier que perdent les femmes, long-temps après qu'elles n'ont plus la possibilité de plaire; elles en cherchent les moyens, qui souvent leur nuisent plus qu'elles ne se l'imaginent.

La Comtesse. — C'est votre faute, messieurs; vous faites trop de cas des agrémens extérieurs pour que nous ne cherchions pas à les acquérir, même aux dépens de ceux que le temps n'enlève pas.

Le Comte. — Je connais une femme qui a su les réunir, et celles qui lui ressemblent sont seules des compagnes désirables.

Madame de Ponthieu revient, la robe attachée avec la ceinture et le manteau relevé, une calèche de taffetas vert, avec un petit parasol pareil, monté sur une canne très haute, et tout cela pour traverser un chemin de quelques toises, et se rendre dans une ferme, au milieu de tous les embarras d'un emménagement. Camille suivait sa maîtresse, l'air aussi bégueule qu'il le fallait pour lui convenir. Le comte donne le bras à sa voisine. Madame de Régeville le suit avec ses filles, qui étaient fort aises de voir tout ce que madame de Ponthieu avait fait venir de Paris. Camille portait les clés de tous les coffres et de toutes les malles, qui étaient fort considérables, et contenaient les choses les plus curieuses. Madame de Ponthieu, qui n'avait pas vu son acquisition, se figurait qu'elle ressemblait à tous les bâtimens de ferme qui, ordinairement, construits pièce à pièce et à mesure que l'on a besoin d'agrandir le local, n'offrent presque jamais rien de régulier; elle fut frappée d'étonnement, en entrant dans la cour, de la symétrie qui y régnait.

Un pavé fort large bordait les bâtimens, et par sa disposition en pente, et le soin de le tenir toujours propre, on pouvait, sans se mouiller les pieds, faire le tour de la cour. Le fumier se trouvait autour de l'abreuvoir, où se jouaient les oies, les canards et même une fort belle paire de cygnes qui avaient au bord leur maison; le colombier, bâti en tourelle, se trouvait au midi; la fontaine au nord; l'entrée de la ferme, au couchant, et la maison, au levant. C'était un corps de logis double, ayant neuf croisées de face, et donnant, comme nous l'avons dit, sur la cour et sur les vergers. Tout ce qui était nécessaire à l'exploitation, était au rez-de-chaussée; et contre l'usage des fermes, on trouvait l'escalier à une extrémité de la maison, rendant dans un petit vestibule, où l'on avait placé au fond une statue de Cérès.

Les deux appartemens du premier et du second, étaient distribués avec beaucoup de goût, et étaient extrêmement commodes. Au premier, était un antichambre, un fort beau salon, une très belle chambre à coucher, un cabinet de toilette, une chambre de femme de chambre et même un boudoir. Madame de Ponthieu fut enchantée de son logement, et ne supposait pas qu'à cinquante lieues de Paris, ans une campagne isolée, on pût être aussi bien.

Le second était composé de moins grandes pièces, mais pouvait contenir beaucoup plus de personnes. On choisit, comme de raison, les meubles les plus riches pour le premier, que madame de Ponthieu devait occuper; mais il en restait encore de très agréables pour le second. Au premier, des tapisseries d'Aubusson, un lit, des rideaux de damas cramoisi, les commodes, les secrétaires du fameux Boule (1) et de la Chine. Au second, tout sera meublé en perses et de meubles de palissandre.

On descendit dans ce qui était réellement la ferme. Madame de Ponthieu en fut très contente; tout y plaisait par l'ordre et l'extrême propreté qui y régnaient. La mère Jacques et sa famille furent pré-

---

(1) Un des plus fameux et des plus habiles ébénistes de ce temps.

sentées par la comtesse à leur nouvell
maîtresse, qui les accueillit avec bonté
Marie se trouvait chez sa mère, et ell
ouvrait de grands yeux en voyant toute
les belles choses que madame de Pon
thieu avait fait venir de Paris. Mélani
dit à la nouvelle propriétaire, que cett
bonne fille servait madame Sauvigné
alors madame de Ponthieu demanda de
nouvelles de la famille. Marie assura
qu'elle se portait bien, surtout les demoiselles, depuis que leur bonne maman
leur avait envoyé tout plein de parures.
Elle chargea Marie de faire ses compli-
mens à M. et à madame Sauvigné, et de
leur dire qu'elle les attendait ainsi que
leurs enfans dimanche prochain, jour où
elle viendrait habiter la ferme.

ONZIÈME ENTRETIEN.

Le jour de la fête approchait, et madame Sauvigné ne pensait pas sans or-

gueil que ses filles, dont l'aînée avait dix-huit ans et la cadette seize, seraient les plus jolies personnes de toutes celles qui s'y trouveraient : c'est un frêle avantage que la beauté, et elle attire souvent plus de chagrins que de plaisirs ; cependant il est difficile qu'une mère ne soit pas flattée d'entendre dire que sa fille est belle, surtout si elle unit cet avantage à tout ce qui est fait pour intéresser ; un esprit cultivé, un cœur excellent et des vertus que le malheur a éprouvées, et dont mademoiselle Sauvigné était sortie victorieuse. La patience, la résignation, son amour constant du travail, quel qu'il pût être, pourvu qu'il fût utile à ses parens ; voilà ce qui distinguait Pauline. Adélaïde avait aussi de fort belles qualités : on la trouvait plus orgueilleuse que sa sœur ; ayant souffert avec moins de courage qu'elle, souvent elle ajoutait aux maux réels, tous ceux d'imagination ; elle était plus jeune que

Pauline, et l'exemple parfait de sa sœur pouvait bien suffire pour faire disparaître ces légères taches.

Quant au fils aîné, il avait toutes les vertus de son père ; son courage, son activité, son intacte probité ; il y joignait l'aménité de sa mère : enfin, Frédéric était un très aimable jeune homme, et son père ne lui reprochait que de conserver un peu trop les manières de la ville. — Mon fils, lui disait-il, il faut oublier que nous avons eu trente mille livres de rentes ; nous ne sommes plus que de pauvres cultivateurs. Il ne pouvait quitter les habits à la française, ses cheveux étaient frisés et poudrés ; tandis que ses frères, beaucoup plus jeunes que lui, trouvaient les vêtemens des gens de la campagne très commodes, et les travaux agrestes plus agréables, que de passer leur vie à traduire Horace et Cicéron, dont ils ne sentaient pas encore les beautés : aussi s'étaient-ils bientôt ployés à leur nouveau genre de vie ; ils étaient déjà fort bons jardiniers ; ce que madame Sauvigné voyait avec chagrin, car elle leur trouvait de l'esprit naturel. Ils avaient une mémoire heureuse ; il était fâcheux d'employer ces dons de la nature à bêcher, fouiller, planter du matin au soir. Au moins, le jour de la fête, elle aura le plaisir de les voir mis en citadins ; mais elle craint déjà qu'ils n'aient l'air gauche dans des habits dont ils ont presque perdu l'usage, parce qu'ils étaient encore fort jeunes, quand leurs parens furent ruinés.

Il ne restait qu'un embarras peu important, c'était d'avoir quelqu'un pour friser et coiffer ces dames le jour de la fête : Agathe vint s'offrir, après en avoir demandé la permission à sa maîtresse ; et elle fut acceptée avec un grand plaisir. Victoire voulait aussi venir parer la mère et les filles ; mais la première la remercia, en disant qu'elles se rendraient mutuellement le service de s'habiller. Le samedi fut employé en préparatifs chez madame de Ponthieu et chez madame Sauvigné; mais ceux de la jolie ferme étaient bien plus considérables. On n'avait point placé le lit dans la chambre à coucher, afin que cette pièce pût servir de salon, et que l'on mît la table dans celle qui la précédait; car il est à remarquer que toutes les fêtes, à la cour comme au village, supposent toujours un grand repas. Le dîner était pour vingt-cinq personnes, et les cuisiniers du château avaient été employés depuis trois jours à le préparer : tout ce qu'on avait pu trouver de plus recherché dans la province, y devait être servi On avait fait dresser dans le verger une tente, sous laquelle on plaça une table de cent couverts pour les paysans, dont la mère Jacques devait faire les honneurs.

Dans quelle inquiétude on passa la nuit du samedi au dimanche ! Le jour était sombre, et on craignait la pluie. Dès le matin, Mélanie, réveillée par les cloches qui annoncent la fête, entr'ouvre le rideau de sa croisée; car l'impatience ne lui permet pas de rester dans son lit. Le disque du soleil n'est point encore au-dessus de l'horizon, et le ciel ne fait pas éclater sa splendeur. Mélanie se persuade qu'il va pleuvoir, et que le peu de clarté du soleil annonce une journée orageuse; elle réveille Sophie pour le lui dire : celle-ci, ouvrant à peine les yeux, voit ou croit voir un ciel nébuleux. Mesdemoiselles de Régeville se désolent : comment feront nos jolies voisines ? Il faut que maman leur envoie sa voiture pour les amener à la ferme; et l'aînée allait passer chez la comtesse, quand elle entendit l'horloge du château sonner cinq heures : — Je suis folle, se dit-elle, il est loin d'être l'heure de partir; et ouvrant sa croisée, elle vit le soleil dardant ses premiers rayons, et le ciel d'un bleu d'azur annonçant au contraire que la journée serait belle; elle alla pour le dire à Sophie, mais elle était déjà rendormie. Mélanie prit le parti de se recoucher; et comme il arrive toujours que quand une grande agitation a empêché de dormir une partie de la nuit, la nature reprend ses droits, on s'endort à la pointe du jour, et puis on se réveille tard, bien tard; et c'est ce qui serait arrivé à Pauline, si Victoire n'était venue lui dire qu'il était sept heures.

Est-il possible! et elle se hâta de se lever et de s'habiller; car madame de Ponthieu avait dit qu'elle voulait aller de bonne heure à la ferme, et y donner à déjeûner à M. et à madame de Régeville, avant que personne ne fût arrivé; et quoique ce fût dès neuf heures du matin, madame de Ponthieu avait décidé que l'on serait tout habillé pour ce moment-là, afin de n'être pas obligé de revenir au château.

Quand Mélanie vit madame de Ponthieu, elle lui trouva quelque chose dans la physionomie de plus doux et de plus sensible qu'elle ne l'avait eu jusque-là. Elle serrait les mains de madame de Régeville avec une vive émotion ; elle lui disait : « Ce jour sera le plus beau de ma vie ! et c'est à vous, c'est au cher comte que je le dois. » Les enfans ne pouvaient concevoir qu'elle dût tant de reconnaissance à leur famille, pour lui avoir vendu un bien à sa valeur. On se rend à la ferme ; la femme Jacques avait eu ordre de préparer le déjeûner ; du beurre battu du matin, fait avec de la crême fraîche (1), des œufs nouvellement pondus, des fraises, des galettes de fleur de farine, et tout cela, excepté le café, venant du produit

---

(1) Le beurre battu du jour peut être fort, s'il est fait avec de la vieille crême : ce qui arrive quand on n'a qu'une vache, parce qu'il faut quelquefois attendre quinze jours pour avoir assez de crême pour mettre dans la baratte.

de la ferme. Madame de Ponthieu trouva le déjeûner excellent : lorsque le cœur est content, on n'est difficile sur rien ; tout est à l'unisson du bonheur que l'on éprouve. Mais qu'a-t-elle donc, me direz-vous, pour être si heureuse ? Je pense comme Mélanie et Edouard : il n'y a rien de bien merveilleux à acheter un bien à votre convenance, quand vous avez de quoi le payer ; et cependant elle paraît ravie : on dirait qu'elle a dix ans de moins. Il n'en est pas tout-à-fait de même chez M. Sauvigné.

On était inquiet, tourmenté d'une crainte peut-être ridicule, mais dont les infortunés ne se garantissent que difficilement. Ceux dont de longues infortunes ont désenchanté la vie, même à l'âge où tout doit paraître sous un aspect riant, ressemblent à ces malades que de longues infirmités retiennent couchés sur le dos ; ils souffrent et de leurs maux et de l'effet qu'ils produisent, en leur ôtant la possibilité de sortir de leur lit; bientôt ils sont couverts de plaies, qui leur causent de vives douleurs; on ne peut plus les toucher, les remuer, sans leur faire endurer des angoisses insupportables; de même l'homme que la fortune persécute depuis long-temps, ne voit qu'avec effroi tous les moyens qu'on lui prépare pour sortir de l'abîme où la pauvreté l'a plongé : tout le blesse, son amour-propre est irritable, sa sensibilité excessive, et ce qu'il désire, c'est qu'on l'oublie et qu'on ne le force pas à rentrer en lice avec la destinée qu'il ne croit pas lui devoir être favorable : voilà ce qu'étaient M. et madame Sauvigné et les aînés de leurs enfans. En vain leur grand'mère leur avait envoyé les choses indispensables pour paraître décemment : cela change-t-il leur sort? n'en sont-ils pas moins condamnés à l'oubli, à un travail sans gloire? Ses filles n'ont point d'avenir, et ses fils ne pouvaient en avoir qu'en s'éloignant de la maison paternelle. Sera-ce parce que ces aimables jeunes gens auraient assisté à une fête champêtre, qu'ils seraient plus riches, plus heureux? et ne rapporteront-ils pas dans leur pauvre habitation le regret de n'avoir pu être propriétaires de la jolie ferme, et celui de n'avoir plus les jouissances du luxe, qu'ils commençaient à oublier, et que l'on dit que madame de Ponthieu a rapportées dans cette charmante retraite? Marie en avait fait une peinture qui paraissait exagérée, mais qui enfin avait une apparence de vérité. Ainsi, c'était avec une sorte d'inquiétude que M. et madame Sauvigné avaient vu naître le jour tant désiré par leurs plus jeunes enfans, mais dont la tristesse des parens troublait la joie, et on n'osait les faire souvenir qu'il était près de midi; enfin on se décida à partir.

DOUZIÈME ENTRETIEN.

On s'ennuyait à la ferme de ne pas les voir venir; et le comte et son fils, pour seconder l'impatience de madame de Ponthieu, vinrent au devant d'eux; ils les trouvèrent au moment où ils étaient près de sortir. Le comte offrit son bras à madame Sauvigné, et toute la famille suivait : on avait peine à la reconnaître, tant elle était embellie par la parure.

Le Comte. — Vous allez, madame, causer une grande satisfaction à madame de Ponthieu : celle de voir réunis autour d'elle les enfans de madame Sauvigné; c'est pour elle, je vous jure, une joie extrême.

Madame Sauvigné. — Elle est beaucoup trop bonne de prendre tant d'intérêt à des êtres qui ne peuvent lui être bons à rien.

Le Comte. — Et croyez-vous, madame, qu'on ait besoin d'autre raison pour être utile à ses semblables, que le plaisir réel qu'on en reçoit? vous ne le pensez pas, madame; vous qui en trouvez tant à soulager les malheureux, à les consoler dans leurs peines. Pourquoi madame de Ponthieu n'aurait-elle pas le même plaisir à voir réunie une famille aussi respectable, qui a tant souffert?

Madame Sauvigné. — Je ne veux point m'occuper de ces tristes souvenirs; cela m'empêcherait de me prêter aux amusemens de cette journée, où je ne vous cache point que je ne mets d'intérêt que pour mes enfans, qui peuvent trouver dans madame de Ponthieu un appui auprès de leur aïeule.

Le Comte. — Elle en sera un plus puissant que vous ne pouvez l'imaginer. Elle me parlait de vous, madame, avec une admiration extrême; et elle ne prononce pas votre nom, sans que ses yeux ne se remplissent de larmes.

Madame Sauvigné. — Voilà, dussiez-vous me regarder comme au moins aussi originale que mon mari, ce que je ne peux comprendre ! Qui peut donner à madame de Ponthieu tant de sensibilité pour nous? je l'en remercie de tout mon cœur; mais je suis forcée de vous dire que je serais fâchée qu'elle nous aimât trop; car nous avons tellement concentré nos sentimens entre nous, qu'il est impossible que nous aimions vivement une étrangère.

Le Comte. — Vous aimerez madame de Ponthieu tout autant qu'elle vous chérira : ne vous défiez pas sur cela de la sensibilité de vos cœurs, ils ne peuvent être ingrats.

Cette conversation se passait en avançant vers la jolie ferme; Edouard et Frédéric causaient affectueusement; Pauline et Adélaïde étaient à côté de leur mère, et entendant ce qu'elle disait à M. de Régeville, elles l'approuvaient et trouvaient qu'elle avait raison, et que leurs sentimens étaient d'accord avec ceux de Lucile, quand ils furent arrêtés dans leur marche par celle des habitans de Saint-Lô, qui tous, en habits de fête et chamarrés de rubans, portaient des guirlandes de fleurs dont ils couvrirent la famille Sauvigné. Une musique champêtre des plus agréables se fit entendre; elle était interrompue par des décharges de mousqueterie : — Qu'est-ce, dit M. Sauvigné, que nous veulent ces braves gens? ils se trompent, la fête est pour madame de Ponthieu, et nullement pour nous.

Le Comte. —Ils exécutent ses ordres : et il fallait bien qu'ils se laissassent précéder par les paysans, qui paraissaient enchantés de les voir *si braves*.

On arriva enfin dans la cour, où madame de Régeville, Mélanie et douz dames des environs, toutes vêtues de taffetas blanc, avec de rubans roses, bleus, jaunes, suivant leur âge, présentèren des bouquets à mesdames Sauvigné, et le complimentèrent en très jolis vers dont la pensée était : que le Ciel éprouvait ceux qu'il voulait récompenser de leur patience dans les tribulations qu'ils avaient souffertes. Tout cela était autant d'énigmes pour les enfans de l'amie de madame de Ponthieu. Ils ne pouvaient se livrer avec une certaine confiance à ces pronostics, qu'ils regardaient comme des chimères. Cependant on les invite à monter chez madame de Ponthieu, qui ne paraissait pas,

La Comtesse s'approchant de madame Sauvigné. — C'est ici, madame, que vous allez donner la mesure de la fermeté de votre caractère : il ne suffit pas de savoir supporter le malheur, il faut encore être disposé à soutenir avec égalité d'âme toutes les chances de la vie.

Madame Sauvigné. — Il me paraît, d'après ce qui nous est annoncé, qu'elles ne seront pas fâcheuses : en vérité, tout est ici énigmatique ; mais, sous votre égide, le mot ne peut être qu'avantageux pour ma famille.

On monte les degrés, on traverse l'antichambre, la porte du salon s'ouvre; madame de Ponthieu est assise en face le curé; l'abbé Ralet, M. Roux, et M. Massolier sont auprès d'elle; mais Auguste ne les voit pas, un seul objet l'a frappé, il s'élance vers lui, tombe à genoux, et s'écrie : O ma mère, ma mère ! et il presse les genoux de celle que nous avons jusqu'à présent appelée *madame de Ponthieu*, et qui n'est autre que madame Sauvigné la mère; sa bru et ses enfans ont imité M. Sauvigné; ils sont tous aux pieds de celle qui lui a donné le jour. Elle ne sait à qui adresser ses premières caresses ; elle les relève tous, les serre contre son cœur; elle retrouve avec transport les premières émotions qu'elle a ressenties pour ce fils, que son orgueil lui avait fait croire si long-temps coupable, pour s'être uni à une femme belle et vertueuse. C'est surtout

LA JOLIE FERME.

Il tombe à genoux, et s'écrie : ô ma mère, ma mère.

auprès d'elle qu'elle veut réparer ses torts. Elle l'appelle sa fille, sa chère et estimable fille. Elle sait que c'est faire plus pour son fils que ce qu'elle pourrait lui lui dire à lui-même ; car, qu'est-ce qui peut faire plus de plaisir que de voir honorer, chérir ce que l'on aime ? elle donne à chacun de ses petits-enfans un témoignage d'affection, mais surtout elle distingue Pauline et Frédéric.

Lorsque les tendres et vives émotions commencèrent à se calmer, M. et madame de Régeville, leurs aimables enfans et leurs amis, qui avaient pris part à cette précieuse réunion, eurent d'Eléonore, chacun en particulier, un mot plein de grâce, d'esprit et de sensibilité ; car personne ne savait comme elle saisir l'à-propos : chacun était curieux d'apprendre comment tout-à-coup madame Sauvigné était devenue si tendre, si affectueuse pour un fils dont elle ne voulait pas même entendre parler ; mais elle leur dit : Je

7.

satisferai votre curiosité : j'ai trop désiré de rendre hommage à tout ce que je dois à M. et à madame de Régeville, pour n'en pas saisir l'occasion avec empressement; mais comme ce récit est en quelque sorte l'histoire entière de ma vie, il me prendrait aujourd'hui trop de temps. Cette journée-ci est tout entière consacrée au bonheur : n'y mêlons point de douloureux souvenirs; car il n'y en a pas de plus tristes que ceux de nos fautes, et j'en ai de grandes à me reprocher.

Auguste, avec vivacité. — Ma mère, ne parlons que de vos bienfaits, du retour de votre tendresse pour vos enfans, qui consacreront toute leur vie à vous chérir, à vous respecter.

Madame Sauvigné la mère. — Mon fils, il est utile que l'on connaisse les motifs de ma conduite; cette révélation apprendra à ceux qui l'entendront, à quel point la passion aveugle sur les plus importans des devoirs, en écartant l'être né pour la vertu hors du sentier de la justice; mais, je vous le répète, nous remettrons ces détails dans deux jours. Aujourd'hui, après avoir rendu à Dieu de solennelles actions de grâces pour les bienfaits dont il m'a comblée, nous reviendrons ici prendre part, au moins par notre présence, à la joie naïve de nos enfans, qui, après le dîner, se mêleront aux danses et aux jeux des bons habitans de Saint-Lô.

On approuva ce plan, et on se rendit à l'église, où le curé avait devancé pour faire parer l'autel où il devait chanter l'hymne d'actions de grâces, et prier pour les deux familles qui comblaient ses paroissiens de bonté.

Madame Eléonore Sauvigné marchait, entourée de ses nombreux enfans, auxquels se mêlaient ceux de madame de Régeville, qui semblaient ne former qu'une famille, brillans les uns et les autres de l'éclat de la jeunesse et des grâces, surtout par l'expression touchante de vertus et de la sensibilité. Les douze dames suivaient ce groupe, et accompagnaient la comtesse, qui donnait le bras à M. Massolier, ce digne fonctionnaire public, dont le zèle et l'attachement pour la famille Sauvigné, avaient paru, dans toutes les circonstances, mériter bien cet honneur. M. Le Roux marchait près du comte, à qui il n'avait cessé de donner des marques constantes de son dévouement. Ainsi, ces respectables plébéiens trouvaient à Saint-Lô des amis sincères, qui, malgré les distinctions qui existaient alors, n'en témoignaient pas moins d'égards à ceux dont ils honoraient les vertus.

Le digne M. Ralet semblait dire, par la pieuse hilarité peinte sur sa physionomie, que les vertus mondaines suffisent rarement pour changer les cœurs, et que ce miracle n'appartient qu'à la religion.

Ce cortége arriva à l'église, et y fut suivi de tous les habitans de Saint-Lô, qui prirent tous une part sincère au bonheur de M. Sauvigné et de sa famille, dont ils avaient plaint les malheurs.

On revint dans le même ordre à la ferme, que l'on visita dans tous ses détails qui faisaient honneur à l'intelligence, à l'activité et à la propreté de la famille Jacques. On monta de là dans l'appartement de la bru et du fils, où leur mère s'était plue à réunir tout ce qui pouvait leur être commode et agréable. Ils ne cessaient l'un et l'autre de témoigner leur reconnaissance à madame Sauvigné et à madame de Régeville, à qui ils devaient tant de bonheur. On vint avertir que le dîner était servi ; il fut excellent, et la plus douce cordialité y présida : le reste de la journée se passa comme Eléonore l'avait dit, à danser et à des jeux pour tous les âges. Chacun y prit part, principalement Sophie et les jeunes fils de M. Sauvigné, qui sautèrent, coururent tout le soir, mais à qui, cependant, on ne permit pas de veiller. Les habitans de

Saint-Lô avaient un fort beau dîner; ce fut la mijaurée Agathe qui fit les honneurs du repas aux paysans et aux femmes de madame de Régeville, qui ne dédaignèrent pas de s'y asseoir. La fête finie, la mère et les enfans se trouvèrent seuls sous le même toit; et au réveil, le lendemain matin, ils furent heureux de leur bonheur réciproque. On déjeûna en famille, et on se rendit à midi au château, où une fête était préparée; elle fut brillante, et se termina par un fort beau feu d'artifice, et l'illumination du parc; on dansa jusqu'au jour. Il fallait donc donner tout le lendemain au repos; et enfin, le jour suivant, on se réunit dans un bosquet d'arbres odoriférans, que la saison embellissait alors de fleurs nouvelles; madame Sauvigné la mère commença ainsi le récit que ses enfans et leurs amis désiraient vivement d'entendre :

Histoire d'Eléonore de Montbrun, veuve de M. Sauvigné, receveur-général des finances.

C'est un don funeste qu'une grande beauté, parce que l'on se persuade facilement qu'avec elle on peut se passer de tous les autres. D'ailleurs elle n'a point, comme différentes qualités, besoin de temps ni de circonstances pour se faire connaître. Elle plaît à tous les yeux ; elle reçoit les hommages de tous les hommes, de toutes les classes, de tous les âges ; c'est un murmure aussi flatteur que continuel, que l'on entend autour de soi. Enfin, la vanité n'a pas un instant de repos ; sans cesse de nouvelles attaques provoquent l'amour-propre; et remarquez qu'elle s'annonce à l'âge où la raison est à peine développée, où toutes les impressions sont les plus profondes. Une belle et jeune personne, enivrée du funeste encens qu'on lui prodigue, si un guide éclairé ne vient pas à son secours, perd son jugement : il est faussé pour le reste de ses jours ; car elle se persuadera qu'être belle est tout.

On n'accusera pas une femme de soixante ans d'avoir la sotte vanité de se plaire à dire *j'ai été belle*, quand il n'en reste plus aucune trace, comme si le passé pouvait vous toucher encore. Je le dis donc avec franchise, j'ai été une des plus belles femmes de Paris, et la plus adulée qu'on puisse imaginer. Aussi ce frivole avantage m'a été plus nuisible qu'aucun autre.

Ma mère, qui n'avait point été jolie, trouvait que les hommages qu'on me rendait, la dédommageaient de n'en avoir jamais reçu, et qu'ayant donné le jour à une créature si parfaite, c'était pour elle un mérite personnel, dont elle savourait toute la douceur ; elle ne s'occupait donc que de me faire valoir ; la recherche de ma parure, à l'âge où, même sans beauté, on n'en a pas besoin, faisait l'objet de ses complaisances; autant elle était simple et négligée dans la manière de se mettre, autant elle voulait que je fusse magnifique, quoique sa situation ne le lui permît guère; car le ciel qui, disait-on, m'avait dotée par les agrémens de la figure (1), n'avait pas cru nécessaire de m'accorder ceux de la fortune. N'importe, ma mère me menait sans cesse à toutes les fêtes, au spectacle, me faisait remarquer de ceux qui, selon elle, ne s'en occupaient pas assez; et elle m'aurait plutôt confiée à un inconnu pour me faire placer au premier rang, que de souffrir que je ne fusse pas en évidence; et quelquefois cela me faisait juger très défavorablement. Enfin elle fit tant, que M. Sauvigné, receveur-général des finances, et alors en grande

---

(1) On voit que malgré ce que disait madame Sauvigné, elle répète, avec affectation et la plus grande complaisance, qu'elle avait été belle.

Vanité des vanités, tout n'est que vanité.

faveur auprès du ministre, devint éperduement amoureux de moi, et me demanda en mariage. Il avait hérité de son père, outre sa charge, de 30,000 fr. de rentes. Il avait du mérite et un extérieur qui ne repoussait pas : pour *un bourgeois*, on pouvait dire qu'il était bien ; mais ce n'était pas une chose faite. Si ma mère était fière de mes charmes, mon père l'était bien plus de ses parchemins, et il ne pouvait supporter que mademoiselle de Montbrun épousât le petit-fils d'un laboureur ; et moi, je l'avouerai, prendre un nom où il n'y aurait pas un *de,* me paraissait la chose la plus fâcheuse ; mais, enfin, ma mère avait fait tant de dépenses pour me faire paraître dans le monde avec éclat, qu'elle fut obligée d'avouer à mon père qu'elle avait contracté des dettes, qu'elle ne savait comment les payer, et dont M. Sauvigné se chargeait, si on lui accordait ma main. Mon père, après avoir jeté feu et flammes, consentit à notre union, qui ne fut jamais heureuse. Vaine, coquette, orgueilleuse, je cherchais, en me laissant entraîner au tourbillon, à remplir le vide de mon cœur. Ma tendresse pour mon fils vint l'occuper, lorsque je ne le fus plus par le désir de plaire; mais alors l'ambition obscurcit encore mes lumières naturelles. Je ne rêvai plus qu'au moyen de faire quitter à mon fils le nom de son père, et de lui obtenir le droit de porter le titre d'un marquisat, que je voulais que M. Sauvigné achetât, à quelque prix que ce fût, pour cet enfant que je regardais comme ma plus chère espérance. Vous savez que, loin de seconder mes vues, il épousa la compagne vertueuse, qui seule l'a aidé à supporter les maux dont je fus cause. Vous n'ignorez pas l'issue de cet événement, dont je ne crus pouvoir me venger, qu'en cessant de m'occuper de lui, et en me conduisant comme ayant cessé d'être mère. Je voulais jouir de tous les plaisirs que pouvait offrir la société. Je n'étais plus jeune ; je me liai avec des gens de lettres, je devins bel esprit ; et comme les philosophes, en prêchant la sobriété, sont en général assez gourmands, je voulus avoir une table très recherchée ; on sait à quelles dépenses elle entraîne. En perdant les agrémens de la première jeunesse, j'eus besoin d'une toilette plus magnifique, et par conséquent plus dispendieuse. Le caissier de M. Sauvigné, qui me devait sa place, me donnait tout l'argent dont j'avais besoin, et le remplaçait par des billets dont, à l'échéance, il payait un gros intérêt. Cependant il m'avertit qu'il fallait apprendre à mon époux le désordre de sa caisse, dont j'étais la seule cause. Je ne le voulus point, et je crus pouvoir réparer ce désastre en tentant la fortune. Je jouai, et je perdis des sommes assez considérables. Le caissier me fournissait toujours de l'argent ; mais enfin, il me déclara un jour que le lendemain, si je ne parlais pas, il parlerait. Cette menace me fit trembler, mais il ne put l'effectuer. M. Sauvigné tomba malade dans la nuit même; il ne fut plus possible de lui parler d'affaires, il avait une fièvre maligne et un délire continuel; il succomba le quarantième jour, sans avoir repris un instant la connaissance. A sa mort, je me serais trouvée réduite à la misère, sans mon fils, qui n'a fait que son devoir, dit Auguste. — Avais-je fait le mien? Mais poursuivons : Plusieurs années se passèrent. Je me consolais difficilement de la perte de ma fortune, car celle que mon fils m'avait assurée, quoiqu'elle fût entièrement due à sa générosité, n'était pas suffisante pour vivre dans le monde. Je me retirai à l'abbaye de Panthemont, où je me faisais appeler *madame de Montbrun,* et où je vivais en société avec des femmes de la cour; on me croyait veuve d'un homme de qualité, et, pour rien au monde, malgré le désir que j'en avais quelquefois au fond du cœur, je n'aurais voulu revoir ce fils qui n'était pas même gentilhomme, et qui, s'il l'avait été, aurait dérogé (1), ayant pris l'état de son beau-père ; comment convenir que j'étais sa mère ?

M. Leroux venait exactement m'apporter le quartier de ma pension ; il me parlait de mon fils ; je signais ma quittance et ne répondais pas ; enfin je restai dans cette état d'insensibilité jusqu'au moment où je reçus la lettre de mon fils ; elle m'irrita, ne la prenant que pour une ironie. La colère qu'elle me donna, alluma mon sang, et je tombai dangereu-

---

(1) On perdait la noblesse lorsqu'on était marchand détaillant, et par une bizarrerie de nos anciennes coutumes, le roi la donnait tous les ans aux deux plus habiles négocians en gros : comme s'il ne fallait pas vendre par partie ce qui est en magasin. Pourquoi punissait-on dans l'un ce que l'on récompensait dans l'autre ?

sement malade. Je passe sous silence les sollicitations qui m'avaient été faites de me réconcilier avec Auguste, et auxquelles je n'avais fait aucune attention ; mais les approches de la mort m'ouvrirent les yeux. Je jugeai ma conduite comme je devais craindre qu'elle le fût par le juge suprême, et je promis à celui qui tient dans ses mains le fil de nos jours, que si je revenais à la vie, je réparerais, autant qu'il serait en moi, le mal que j'avais fait à mon fils. Dieu daigna recevoir ce vœu, et me donner le moyen de le remplir plus exactement que jamais je ne pouvais l'espérer.

J'étais à peine en convalescence, que M. le comte de Régeville me fit l'honneur de venir chez moi avec M. Massolier, et il me proposa l'acquisition de la *jolie ferme*. J'étais déterminée à y consentir, malgré les sacrifices qu'il me fallait faire pour me réunir à ma famille, qui eût été assez mal à l'aise, et obligée à un travail encore fort pénible ; mais j'avais appris avec un grand chagrin, que ma bru avait été très mal, et que c'était en mon nom que M. le comte de Régeville, car il faut bien que vous le sachiez, avait trouvé le moyen de lui ôter une partie de la fatigue qu'elle éprouvait depuis qu'elle habitait Saint-Lô.

M. Sauvigné. — Quoi ! M. le comte, c'était vous qui me faisiez payer cette rente de 600 fr. ?

Le Comte. — J'avais espéré que madame votre mère ne parlerait pas de cette misère, dont au surplus j'ai été entièrement remboursé par elle : ainsi que votre amour-propre, monsieur, qui est aussi un peu chatouilleux, ne s'alarme point !

M. Sauvigné. — Non, ce sentiment ne peut tenir contre une si touchante générosité. Puis-je donc oublier que c'est à cette ruse que je dois la santé, peut-être la vie de ma chère Lucile !

Le Comte. — Qui n'aurait pris à elle un

vif intérêt? mais laissons continuer madame Sauvigné.

Le jour que ces détails me furent donnés par MM. Massolier et Leroux, je reçus une lettre de Brest, qui m'apprenait que le vaisseau marchand *le Prudent*, était entré dans le port avec une riche cargaison, dont une grande partie m'appartenait. En effet, un frère de ma mère avait passé avec un de ses neveux dans l'Inde, où il avait fait une grande fortune. Il y est mort, et a institué mon cousin son légataire universel, et m'a laissé cependant 300,000 fr. en argent de France, qui devaient être prélevés d'abord sur tout le bien, chargeant son neveu, dont il connaissait toute la loyauté, de l'exécution de son testament.

En effet, les intentions de mon oncle ont été exécutées avec la plus parfaite exactitude, et ce legs que je n'attendais pas, est arrivé sans le moindre retard : alors j'ai dit à M. le comte, qui me demandait à quoi je me décidais, que je ne changerais rien à mes premiers plans ; seulement je priai M. de Régeville de me permettre de rembourser en entier tout ce que la jolie ferme lui avait coûté, et je la donne à ma bru pour la dédommager des sacrifices qu'elle a faits sur la succession de son père, pour liquider celle de mon mari. J'ai conservé mon mobilier, ma vaisselle, mes diamans, que j'aurais vendus pour payer en entier ce bien. Le reste de ma fortune sera à mon fils. Je ne lui demande que de prélever 50,000 fr. pour la dot de Pauline, lorsqu'elle rencontrera un homme digne d'elle, et que ses plus jeunes frères soient envoyés à Rouen pour reprendre leurs études. Quant à Frédéric, en le laissant s'occuper de l'agriculture, je crois lui assurer des jouissances plus tranquilles, et conserver à son père un ami précieux. Pour moi, je renonce à jamais à Paris, et veux finir mes jours dans cette douce retraite, où je verrai arriver les infirmités de la vieillesse sans les redouter; puisque les soins de mes enfans les adouciront, et qu'en mourant je pourrai me dire : Mes derniers jours ont été les plus beaux de ma vie, puisque ce sont les seuls où j'ai rempli les devoirs importans de mère, et goûté la douceur de l'être.

Tous ses enfans l'assurèrent qu'ils se flattaient que le ciel leur accorderait le bonheur de la poséder encore de longues années, pour lui prouver leur amour et leur respect.

Sophie, qui avait fort à cœur de savoir comment les robes et les habits s'étaient trouvés si bien pour chacun de ceux pour qui ils étaient, ne put s'empêcher de le demander à Éléonore, qui convint que la comtesse, qui était dans la confidence, avait eu par Marie les modèles des robes et des habits qu'elle prenait chez madame Sauvigné, dont Victoire se servit pour faire des patrons que l'on envoya à un tailleur et à une ouvrière, qui les ont faits ainsi. Vous voyez, ma chère petite, que tout cela n'est nullement diabolique.

La famille Régeville, le curé, l'abbé Ralet et leurs amis de Paris, félicitèrent la mère et les enfans d'être rendus les uns aux autres. Depuis ce jour, les deux familles furent constamment unies, et étaient presque toujours ensemble, soit au château, soit à la jolie ferme. Il existait une grande émulation entre les enfans, tant pour acquérir des connaissances utiles, que pour croître en sagesse. Sophie remercia madame Sauvigné de la complaisance qu'elle avait eue de lui expliquer ce mystère.

Madame Sauvigné la mère vécut fort vieille, et renonça de bonne foi à l'ambition et à l'orgueil. Comme les années l'avaient forcée à renoncer au vain désir de plaire, son fils et sa bru lui rendirent les soins les plus touchans. Leurs enfans suivirent leurs exemples, et Lucile et son époux trouvèrent dans leur tendresse la récompense de ce qu'ils avaient fait pour leur mère. Il en fut de même de ceux de M. de Régeville, qui, élevés dans les sentimens les plus vertueux, après avoir été formés loin des dangers du monde, y brillèrent ensuite moins par leurs rangs que par leurs qualités personnelles.

Ainsi Dieu bénit ces deux maisons. Le château de Saint-Lô, qui était regardé comme protégeant tous les malheureux de la contrée, conserva long-temps l'éclat qu'il avait reçu de ses anciens propriétaires. La jolie ferme rappelait au vieillard, qui le redisait à ses enfans, par combien d'épreuves la famille Sauvigné avait passé pour parvenir à une situation douce et heureuse; et en parlant de Pauline, de sa mère, que la plus vive tendresse unit jusqu'au dernier jour, car mademoiselle Sauvigné survécut de peu d'années à celle qui lui avait donné la vie, il disait : Si après leur réconciliation avec madame Sauvigné, elles ont été riches et heureuses, on peut bien dire que c'était *la Vertu récompensée.*

HISTORIETTES

D'UN ERMITE.

HISTORIETTES D'UN ERMITE

L'Orgueil vaincu par l'Adversité.

L'ORGUEIL VAINCU PAR L'ADVERSITÉ

ET

LA VERTU ENSEIGNÉE PAR L'EXEMPLE.

Madame Clevelan allait un dimanche matin, visiter, suivant sa coutume, l'école établie depuis peu pour les pauvres de la paroisse, lorsque d'un élégant équipage qui passait rapidement près d'elle, elle entendit une femme s'écrier : C'est ma tante ! c'est elle ! j'en suis certaine. Le carrosse aussitôt s'arrête ; un domestique qui était à cheval mit pied à terre, et ayant ouvert la portière, deux jeunes personnes, dont la plus âgée paraissait avoir quinze ans et l'autre une année de moins, sautent précipitamment de la voiture, et, courant après madame Clevelan, lui disent en l'embrassant : Sûrement, madame, vous ne pouvez avoir oublié Emma et Elise.

Mes chers enfans, mes bonnes nièces, dit cette aimable femme en les pressant tendrement contre son cœur, que de plaisir me procure cette rencontre imprévue ! Je ne vous remets encore vraiment pas ; vous êtes tellement changées depuis quatre ans que je ne vous ai vues, que je serais, je vous jure, passée devant vous sans me douter que vous fussiez mes nièces. Mais où est M. Fitz-Henry ? pourquoi voyagez-vous sans lui ?

Cette lettre, ma chère tante, répliqua Emma Fitz-Henry, en tirant un grand paquet de sa poche, va vous instruire de tout, et mettre à l'épreuve cette tendresse que vous avez pour nous et que vous tenez de notre chère maman, comme vous l'avez souvent dit à notre père. Si quelque chose était nécessaire pour réveiller en moi cette tendresse, ce serait la ressemblance frappante que vous avez avec votre respectable mère. Mais M. Fitz-Henri ne pouvait me donner une plus forte preuve de son estime et de son amitié, ni me faire un plus grand cadeau, qu'en vous confiant à mes soins, et si les circonstances répondent à mon attente, nous ne nous séparerons pas de sitôt. Mais retournons au château ; vous devez, mes enfans, après un aussi pénible voyage, avoir besoin de vous rafraîchir.

Madame Clevelan fit servir à ses nièces du café, des fruits et des gâteaux, et se retira ensuite dans son appartement pour y lire la lettre que lui avait remise sa nièce. Mais quel fut son étonnement lorsqu'elle vit que M. Fitz-Henry avait accepté le gouvernement d'une île dans les Indes Orientales, et que ne sachant pas si ce séjour pouvait convenir à de jeunes personnes, il avait pris le parti de confier ses filles à madame Clevelan, jusqu'à ce qu'il ait pu s'en assurer lui-même.

Cette nouvelle la surprit et l'affligea ; elle commença à craindre que ce qu'on lui avait appris des extravagances de son beau-frère depuis la mort de son aimable femme, ne fût que trop vrai, et pensa qu'il n'entreprenait ce voyage que pour réparer les brèches considérables que le jeu avait fait à sa fortune.

A la mort de madame Fitz-Henry, madame Clevelan avait témoigné un grand désir d'avoir ses nièces; mais leur père n'avait pu y consentir, parce que, disait-il, il ne pouvait vivre sans elles. Il les mit d'abord en pension à Queen-Square, et il les faisait venir chez lui tous les samedis; mais il y avait à peine six mois qu'elles y étaient, qu'il prit pour elles une gouvernante française, et dès ce moment elles ne le quittèrent plus.

Depuis la mort de madame Fitz-Henry, sa femme-de-chambre avait tenu la maison; c'était par madame Langlane que madame Clevelan avait été instruite du train brillant que menait son frère. Ses nièces lui écrivaient bien quelquefois, mais comme leurs lettres étaient évidemment de la façon de leur gouvernante, elles ne lui avaient jamais fait un bien grand plaisir.

Madame Clevelan ne pouvait revenir de l'étonnement où l'avait jetée ce qu'elle vénait d'apprendre, et tout en cherchant à en deviner la cause, elle resta fort long-temps dans son cabinet de toilette sans s'en apercevoir, et elle y fût restée encore davantage si le bruit que firent ses nièces en frappant à la porte ne l'eût tirée de sa rêverie.

Eh bien, ma tante! lui dit Élise, que pensez-vous du projet qu'a formé mon père de passer aux Grandes-Indes?—Je pense, ma bonne amie, reprit madame Clevelan, que j'y gagnerai beaucoup, et j'espère que vous n'y perdrez pas. Cependant, je ne puis vous dissimuler ma surprise de voir une personne jouissant d'une fortune aussi considérable que votre père, renoncer à son pays et à ses plus chères affections, dans la seule vue de l'augmenter encore.

Sa fortune est sans contredit considérable, dit Elise, mais je suis portée à croire qu'il en a dissipé une partie : c'était du moins l'opinion de madame Lemoine, qui en savait là-dessus plus que moi. Au moment même, le carrosse de lady Luton s'arrêta devant la porte, et madame Clevelan se dispose à la recevoir et à lui présenter ses nièces. Aussitôt après le dîner, madame Clevelan invita Emma et Elise à l'accompagner à l'école du dimanche en leur disant que leur arrivée l'avait empêchée de s'y rendre, car elle était en chemin au moment où elle eut le plaisir de les rencontrer. A l'école un dimanche! dit Emma, ah madame! je pensais qu'à une aussi grande distance de la capitale, on avait trop de dévotion pour s'occuper un dimanche ; au surplus, cette méthode est excellente, et je suis presque sûre que ce sont les parties de cartes qui se font à Londres qui ont fait naître aux paysans la pensée de s'occuper un jour que leurs aïeux passaient entièrement à chanter des psaumes et à prier.

J'espère, Emma, dit madame Clevelan en la regardant d'un air sévère, j'espère que votre père n'a pas voulu, dans un âge aussi tendre, vous plonger dans un vice destructeur de tout sentiment de piété et de vertu.

Comment, madame! dit Emma, avez-vous donc oublié mon âge? je puis vous certifier que j'ai pendant quinze mois au moins présidé à une table de jeu.

L'étonnement où cette réponse avait jeté madame Clevelan éclata dans ses regards; elle expliqua à ses nièces ce qu'on faisait le dimanche à l'école, et leur demanda une seconde fois si elles voulaient l'accompagner.

Nous sommes, madame, bien sensibles à votre politesse, dit Emma d'un air embarrassé; mais comme je ne vois pas quel plaisir nous aurons à entendre une poignée d'enfans mal-propres lire et réciter leur catéchisme, permettez-nous de différer notre visite jusqu'au temps où l'air de la campagne, les occupations champêtres et votre exemple, pourront nous donner du goût pour ces sortes d'amusemens

Madame Clevelan ne répondit rien à ce sarcasme, elle se contenta d'ordonner à un laquais de tenir le thé prêt pour son retour. Elle mit son mantelet, et se rendit à l'école. Ce qu'elle venait de voir du caractère de ses nièces, n'était pas propre à lui inspirer d'elles une idée avantageuse; mais ayant réfléchi que leur mère était la femme du monde la plus aimable, elle n'attribua leurs défauts qu'à la mauvaise éducation qu'elles avaient reçue, et forma mille projets pour en détruire les funestes effets.

Madame Clevelan ne resta à l'école que le moins de temps possible, elle passa le reste de la soirée à questionner ses nièces sur la manière dont elles s'occupaient habituellement à Grosvenor-Square. Sans paraître chercher à connaître leurs inclinations, elle parvint, à force de peines, à découvrir que la grandeur, le faste et l'éclat, étaient le goût dominant d'Emma ; qu'Elise, au contraire, paraissait préférer l'utile au brillant, sans avoir cependant d'éloignement pour ce qui faisait les délices de sa sœur.

M. Fitz-Henry, en se séparant de ses filles, leur avait donné à chacune 500 liv. sterlings pour leur entretien et leur menus plaisirs, avec la promesse de leur faire tenir une somme considérable, si elles ne venaient pas le retrouver aux Indes.

Madame Clevelan jouissait d'une fortune très considérable, et quoique jusqu'alors elle s'en fût toujours fait honneur, elle résolut, à l'arrivée de ses nièces, d'augmenter sa maison. Elle prit alors un laquais de plus, commanda un nouvel équipage, et fit venir la fille d'un fermier, pour servir de femme-de-chambre à mesdemoiselles Fitz-Henry.

Madame Clevelan aimait passionnément la musique, et jouait avec beaucoup de goût et de facilité de la harpe et du piano. Elle fut d'autant plus mécontente du peu d'habileté de ses nièces qu'elle savait qu'elles avaient eu les meilleurs maîtres. Tantôt les demoiselles ne voulaient pas jouer du tout, tantôt elles ne voulaient jouer qu'un quart-d'heure. Leur tante toléra d'abord cette nonchalance; mais s'apercevant ensuite que loin de diminuer, elle ne faisait que croître, elle leur signifia que son intention était qu'elles consacrassent leurs matinées à l'étude. Comme elle était assez familière avec l'histoire, la géographie, l'italien et le français, elle se faisait un plaisir de leur donner elle-même des leçons, et de leur faire lire les auteurs qu'elle croyait les plus propres à leur former l'esprit.

Madame, reprit Emma avec vivacité,

je suis sûre que l'intention de mon père n'a jamais été de faire de vous notre institutrice. Au reste, je puis vous assurer que madame Lemoine a pris tant de soin de notre éducation, qu'il ne nous reste plus que peu de choses à apprendre.

Ce que vous venez de me dire m'enchante, répondit madame Clevelan; mais comme vous avez beaucoup à perdre, et qu'il serait terrible, après vous être donné tant de peine, d'éprouver un si grand malheur, faites-moi le plaisir, ma bonne amie, d'aller dans ma bibliothèque y prendre le premier volume de Métastase: c'est mon auteur favori, je serai bien aise de vous l'entendre lire. Emma lui répondit qu'elle détestait l'italien, que sa sœur le lisait beaucoup mieux qu'elle. Elise, dit-elle en même temps à sa sœur, allez chercher ce livre.

Si vous le lisez mal, reprit madame Clevelan d'un ton sérieux, c'est une raison de plus pour lire souvent; d'ailleurs, ma chère, je suis habituée à être obéie de tout le monde, et je ne pense pas qu'une jeune personne de quinze ans veuille me contester ce droit.

Emma se rendit à la bibliothèque, en rapporta le livre et se mit à lire, mais du ton le plus monotone; son accent et sa prononciation parurent si détestables à sa tante, qu'ennuyée de l'entendre, elle lui ôta le livre des mains en lui disant qu'elle lui était très obligée de l'attention qu'elle avait eue de faire ce qui pouvait lui être agréable; mais qu'elle était fâchée d'être obligée de lui dire quelque chose qui pourrait ne pas lui faire de plaisir, c'est que bien sûrement madame Lemoine ne connaissait pas du tout l'italien. Je suis, ma chère, ajouta-t-elle, folle de cette langue, et j'ai eu le bonheur d'avoir un des meilleurs maîtres. Si vous voulez prendre la peine de m'entendre lire, vous jugerez à ma prononciation combien la vôtre est éloignée d'être bonne.

Je vous suis, madame, dit Emma, fort obligée de la peine que vous voulez bien prendre, mais je n'ai aucun goût pour les lectures, et comme j'ai le bonheur de posséder une fortune assez considérable pour me passer de ces talens, que l'on a coutume de faire envisager comme indispensables aux filles d'une naissance moins élevée que la mienne, je ne veux pas prendre la peine de m'y livrer; souffrez donc que je n'accepte point l'offre que vous voulez bien me faire.

Madame Clevelan doutait si elle veillait en entendant la réponse déplacée que lui fit sa nièce; elle se disposait à lui témoigner son mécontentement, lorsqu'un laquais entra et lui remit la lettre suivante :

Ma chère sœur,

Tourmenté par mes remords et réduit au désespoir, comment m'y prendrai-je pour vous faire part d'une nouvelle affreuse que vous ne manqueriez pas de savoir tôt ou tard !

Je ne veux point, par de longs discours, vous préparer à apprendre mon malheur; je vous dirai donc en deux mots que je suis ruiné. Oh! mes enfans! comment pourrez-vous entendre cette horrible vérité! Elevées dans le luxe, encouragées à la dépense, comment pourrez-vous supporter le coup fatal qui vous plonge dans l'infortune et vous réduit à la mendicité!

Je vis l'abîme où j'étais sur le point de tomber, et je n'eus pas assez de courage pour m'en éloigner. La connaissance que j'ai de la situation critique de mes affaires, a pu seule me déterminer à accepter un emploi aux Grandes-Indes. J'ai vendu mes biens-fonds pour en placer le produit sur la banque, voulant que dans le cas où je viendrais à mourir, mes filles pussent sans peine et sans embarras recueillir leur fortune. Ce matin même je me croyais le maître de 600,000 livres sterlings, somme qui eût paru immense à beaucoup de personnes, mais que je considérais comme fort peu de chose, en ayant dissipé trois fois autant au jeu. Dans un moment malheureux je retournai au tripot où j'avais commencé ma ruine, et j'eus le malheur de l'achever.

Je me résigne à partir pour les Indes, je veux cacher dans quelque lieu ma tête coupable, et finir mes jours dans le repentir et la pauvreté. Gardez-vous bien de m'écrire, car votre pitié et vos reproches me seraient également à charge. Ayez soin de mes enfans, je vous le demande au nom de leur mère, et tâchez de leur inspirer de l'horreur pour une passion qui a pour jamais troublé le repos de leur infortuné père.

Adolphe Fitz-Henry.

Les larmes de M. Fitz-Henry avaient attiré l'attention d'Elise, et le changement qu'elle aperçut dans la contenance de madame Clevelan pendant qu'elle lisait cette lettre, lui avait fait concevoir des craintes.

Mon père est-il malade, madame, s'écria-t-elle, ou bien que peut-il vous avoir mandé qui vous ait si fort agité? Madame Clevelan lui répondit que son père se portait bien; au même instant elle se mit à dire d'un ton de voix étouffée par les larmes et les sanglots: Pauvres enfans! pauvres enfans!

Emma et Elise entendant ces paroles regardèrent leur tante avec une curiosité mêlée d'étonnement, et semblaient craindre de lui demander le sujet de sa douleur.

La façon de penser qu'Emma venait de manifester immédiatement avant l'arrivée de cette lettre fatale, convainquit madame Clevelan qu'elle regarderait la perte de sa fortune comme le plus grand de tous les malheurs. D'un autre côté, le peu de plaisir qu'elle et sa sœur avaient paru trouver dans une vie tranquille et raisonnable, lui prouvait assez clairement qu'elles avaient un goût décidé pour la dissipation, le plaisir et la dépense.

S'il y avait eu la moindre probabilité qu'elles pussent se trouver heureuses d'avoir changé de genre de vie, madame Clevelan, loin de s'affliger du malheur de leur père, s'en fût réjouie, car elle y trouvait une occasion de leur témoigner sa tendresse et son amitié ; mais comme elle les entendait journellement faire éclater leur mécontentement et regretter leurs plaisirs passés, elle conçut pour l'avenir de vives alarmes sur leur compte, et adopta le plan qui lui parut le plus propre à leur faire trouver de l'agrément dans leur nouvelle manière de vivre.

Elise eut à la fin le courage de demander à sa tante le sujet de son chagrin. Si sa sœur et elle, lui dit-elle, ne pouvaient le dissiper tout-à-fait, elles voulaient au moins le partager.

Le partager, ma chère enfant ! reprit madame Clevelan, le partager ! Plût à

Dieu que la chose ne vous regardât pas ! car quelque malheureuse qu'elle soit pour moi, elle l'est encore bien plus pour vous.

Juste ciel ! s'écria Emma, qu'est-il donc arrivé ? Je vous en supplie, ma tante, ne me laissez pas plus long-temps dans cette cruelle incertitude. Puis d'un ton de voix mal articulé : Mon père aurait-il perdu sa fortune au jeu ? Madame Clevelan ne lui répondit que par un signe de tête. Mais, madame, continua Emma, les biens-fonds, ils sont à Élise et à moi; un autre signe de tête de madame Clevelan lui fit voir que tout espoir était perdu. Elle ne put tenir à ce dernier coup; la douleur lui fit jeter des cris affreux et la fit tomber dans de violentes convulsions. On la transporta alors dans sa chambre; madame Clevelan s'y rendit ; et lorsqu'elle fut revenue à elle, elle employa vainement tout ce que la religion et la raison purent lui suggérer pour la convaincre qu'il n'y avait que les méchans qui fussent tout-à-fait malheureux. Mais lorsqu'elle vit que tous ses discours ne produisaient aucun effet, elle se retira dans son appartement pour réfléchir au projet qu'elle avait conçu.

Lorsque l'heure du dîner fut arrivée, Emma et Elise, s'excusèrent de se présenter à table. On leur envoya un poulet dans leur chambre. Madame Clevelan fit servir le thé chez elles, et elle eut l'agrément d'observer qu'elles paraissaient plus tranquilles et plus résignées à leur sort qu'elle n'avait eu lieu de l'espérer. Pour les amener peu à peu vers le but qu'elle s'était proposé, elle commença par parler de l'incertitude des plaisirs de ce monde et de la folie qu'il y avait à faire consister son bonheur dans leur jouissance. Quant à moi, dit-elle, je m'étais bercée de l'espoir de passer ma vie dans cette paisible retraite et de m'assurer une existence heureuse en contribuant de tout mon pouvoir à soulager les besoins d'autrui; mais à présent tout est changé, et ma fortune actuelle exige d'autres arrangemens. L'imprudence de votre père me jette dans des embarras qui me forcent à choisir pour ma retraite un pays où l'on vive à bon marché, et où je puisse, malgré la médiocrité de mon revenu, faire encore du bien à mon prochain.

Madame Clevelan aurait pu continuer plusieurs heures de suite sur le même ton, sans craindre d'être interrompue par ses nièces, tant elles étaient consternées de voir que leur père avait, par son imprudence, endommagé la fortune de la seule personne sur l'amitié de laquelle elles avaient droit de compter. Elle finit par leur dire qu'elle avait depuis long-temps dessein de faire un voyage dans le pays de Galles, et qu'elle n'avait différé jusqu'à ce jour, que parce qu'elle n'avait trouvé personne qui voulût l'accompagner : mais que dans ce moment elle voulait faire par prudence ce qu'avant elle n'eût fait que par goût ; qu'elle était en un mot dans l'intention de se fixer dans le pays où l'on vit à meilleur compte que partout ailleurs. Elle ajouta qu'elle engagerait lady Luton à habiter son château pendant qu'elle ferait faire au sien les réparations considérables qu'elle avait projetées depuis long-temps, et qu'elle n'avait retardées que faute de trouver dans les environs un local qui lui convînt. Elle les exhorta ensuite à supporter leur malheur avec courage et résignation, en les assurant que le bonheur n'est que dans le cœur, et dépend moins des événemens que le vulgaire ne se l'imagine.

En moins de quinze jours tout fut prêt pour leur voyage. Madame Clevelan, à la demande de ses nièces, prit le nom de madame Owne, pour empêcher qui que ce fût de découvrir la triste situation de leurs affaires.

Au moment où madame Clevelan se disposait à quitter son château, tous les domestiques de lady Luton furent attaqués de la fièvre putride. Deux en moururent, et les autres allèrent, après leur guérison, passer quelque temps chez eux pour changer d'air. Madame Clevelan saisit cette occasion d'offrir ses gens à son amie. Comme il devait naturellement paraître fort étrange aux voisins et aux domestiques de madame Clevelan de la voir ainsi voyager en chaise de poste, sans aucune suite, pour prévenir toutes les conséquences qu'ils auraient pu en tirer, elle répandit le bruit qu'elle allait passer six mois à une maison de campagne de M. Fitz-Henry, et qu'ainsi elle n'avait besoin ni d'équipage, ni de domestiques.

Il ne se passa rien de remarquable pendant leur voyage; le quatrième jour elles arrivèrent à Barmouth en fort bonne santé, avec l'esprit très tranquille.

C'était sur la description que fait M. Prutt de la beauté de ce pays et de la simplicité des mœurs de ses habitans, que madame Owne (car nous la nommerons ainsi à l'avenir) s'était décidée à s'y fixer. Elle trouva en y arrivant une petite maison située sur le bord de la mer qu'elle loua sur-le-champ. Voilà donc mesdemoiselles Fitz-Henry, accoutumées jusqu'alors à habiter une maison aussi vaste qu'un palais, confinées dans une simple chaumière avec une servante et un valet pour tout domestique.

La pauvreté des paysans qui habitent les environs de Barmouth, fournit à madame Clevelan mille occasions d'exercer sa bienfaisance ; et la reconnaissance que témoignaient, pour les secours les plus modiques, les infortunés à qui elle les donnait, prouvait assez le besoin qu'ils en avaient et quel prix ils y attachaient.

Emma et Élise, privées de toute société qui pût les distraire, eurent recours, pour passer leur temps, aux occupations qu'elles avaient autrefois dédaignées. La lecture et la promenade devinrent leurs amusemens favoris. En parcourant les rochers et en gravissant les montagnes dont les environs de Barmouth sont couverts, elles oublièrent les jardins de Kingston. Lorsque l'hiver approcha, Emma témoigna à sa tante le désir d'avoir un piano; c'était, disait-elle, un moyen de distraire et de chasser l'ennui qu'eussent pu lui causer les longues soirées.

Eh bien, dit madame Owne, je consulterai mes moyens, et s'ils me permettent de vous satisfaire sur ce point, soyez sûre que je le ferai; mais j'ai promis ce matin de prendre avec nous la petite Sally Burfond, fille du pêcheur, que votre sœur et vous paraissez aimer beaucoup; cela vous procurera quelque amusement. — Oh! le cher petit ange! dit Emma; avez-vous de votre vie rencontré une beauté aussi accomplie? —

Il est vrai, reprit madame Owne, qu'elle est charmante ; mais ce ne sont pas ses charmes qui m'ont intéressée en sa faveur : le pauvre Burfond a sept enfans, et ce n'est qu'avec une peine incroyable qu'il peut pourvoir à leurs besoins, quoique quelques-uns d'entre eux soient déjà en âge de gagner quelque chose. Eh bien, malgré tant de peine, ces pauvres gens sont si contens de leur sort et si résignés à la volonté de la providence, que je regarde comme un devoir pour vous de les soulager, et comme je me suis aperçue que vous aviez une prédilection marquée pour la petite Sally, je me suis décidée à la prendre de préférence, quoiqu'elle soit dans un âge si tendre que vous serez en quelque façon obligées de lui servir de nourrices. Eh bien, soit, ma chère tante, dit Élisa, nous lui servirons de nourrices et même de servantes ; pourvu que nous ayons ce petit ange avec nous, je serai contente. Nous pouvons dès à présent commencer nos fonctions en lui faisant des habillemens neufs.

On fit venir Sally sur-le-champ, et nos deux nouvelles nourrices, avec l'aide de madame Owne, complettèrent son petit trousseau avant qu'il ne fût l'heure de la coucher. Le lendemain matin Emma se leva une heure plus tôt que de coutume, pour avoir le plaisir de l'habiller.

Dans les premiers jours de novembre, Emma vit un matin deux hommes portant une grande caisse, qui s'acheminaient vers leur chaumière. Quels furent sa joie et son étonnement lorsqu'ils furent entrés, et que la caisse fut ouverte, de voir qu'elle renfermait un superbe piano neuf! Elle fut charmée de trouver un instrument dont elle s'était peu souciée. Pénétrée de reconnaissance pour la complaisance de sa tante, elle courut à son appartement pour lui en faire ses remercîmens; elle défit en même temps un grand paquet de musique que l'on avait apporté avec le piano; elle se mit à jouer des sonnates de Clémenti, et lorsque sa tante arriva, elle la supplia de vouloir bien oublier sa conduite passée et de prendre la peine de lui donner des leçons. Madame Owne l'embrassa tendrement et lui fit compliment du changement qui s'était opéré dans toute sa conduite. Elle exécuta à l'instant même un morceau que sa nièce joua ensuite d'une manière qui annonçait un talent supérieur.

La lecture, la musique, la promenade et la géographie, occupaient alternativement leurs heures de loisir. Le babil agréable de la petite Sally, était à la fois pour elles une source de plaisir et un remède contre la mélancolie.

La bonté de madame Owne ne s'étendait pas seulement sur la famille de Burfond, beaucoup d'autres y avaient part, et l'exemple qu'elle donnait à ses nièces les rendit charitables.

A la première nouvelle de la ruine de

M. Fitz-Henry, elles remirent à leur tante 500 livres sterlings qu'elles possédaient, en la priant de les placer sur la banque ; elle leur promit de leur donner tous les ans trente guinées pour leurs menus plaisirs. Quelque modique que paraisse cette somme, elle était plus que suffisante pour leurs besoins, et les mettait en état de donner des secours non-seulement aux parens de Sally, mais encore à beaucoup d'autres pauvres familles.

Il y avait déjà près d'un an qu'elles vivaient dans cette retraite, lorsque madame Owne commença à sentir quelqu'envie de retourner dans un lieu qu'elle chérissait sous plusieurs rapports ; et comme elle était persuadée que ses nièces avaient perdu le goût des plaisirs et de la dissipation, elle commençait à se faire des reproches de les priver si long-temps des amusemens qu'il était si naturel de chérir à leur âge. Elle prit aussitôt la résolution de leur faire connaître au vrai la situation de ses affaires, et de leur expliquer les motifs qui l'avaient engagée à feindre avec elles.

Au moment même ses deux nièces entrèrent dans sa chambre; la douleur et la pitié étaient peintes sur leurs figures : elles venaient annoncer à leur tante que le pauvre Burfond, en sautant de son canot à terre, s'était heurté le pied contre une pierre, et qu'en faisant des efforts pour ne pas tomber, il s'était foulé la jambe et démis la rotule. A présent, dit Élise, ses pauvres enfans vont mourir de faim, car quelque peine que se donne leur mère, elle ne gagnera jamais assez pour les soutenir.

Sans doute, mon amie, reprit madame Owne, nous devons tout employer pour prévenir un malheur aussi affreux que celui que vous paraissez redouter; mais tout en plaignant le sort de ce pauvre Burfond, je dois me féliciter de voir que vous avez le cœur sensible et bon, et que vous n'avez pour les malheurs d'autrui, ni indifférence, ni insensibilité. Il m'est impossible, continua cette aimable femme, de vous exprimer la satisfaction que j'éprouve en considérant l'heureux changement qui s'est opéré dans votre façon de penser et d'agir. Si votre respectable mère vivait encore, elle ne serait pas plus contente et plus fière en vous avouant pour ses filles, que je ne le suis en vous déclarant que, quoique je n'aie pas le nom de votre mère, j'en ai au moins le cœur et la tendresse. Je me fais d'avance une fête de vous présenter à la société comme mes filles adoptives et les héritières de 80,000 l. sterlings. Héritières ! s'écria Élise. — 80,000 liv. sterlings ! dit Emma, quel grand changement, ma chère tante, nous a rendues si riches !

Il n'y a rien, ma chère, de nouveau dans tout ceci, reprit madame Clevelan (car nous ne voulons plus à l'avenir la nommer madame Owne): lorsque vous eûtes le malheur de perdre votre aimable mère, je fis mon testament, et à l'exception de quelques legs de peu de conséquence, j'abandonnai tous mes biens à votre sœur et à vous. Elle leur expliqua ensuite les raisons qui l'avait engagée à dissimuler avec elles ; puis les ayant tendrement embrassées, elle leur tint le discours suivant :

Après avoir passé une année à Barmouth, dans la solitude et dans la retraite, je n'ai plus lieu de craindre que vous vous plaigniez de la monotonie du château de Clevelan ; mais si en sortant de Grosvenor-Square, vous y eussiez été tout-à-coup reléguées, je suis sûre que ce changement vous aurait donné du dégoût et du mécontentement. Au lieu d'éprouver la satisfaction de vous voir heureuses, étant seules avec moi, j'aurais eu le plaisir de vous entendre vous plaindre et murmurer. Votre façon de penser et d'agir est, par bonheur, totalement changée ; vous avez éprouvé le malheur et vous avez appris à le plaindre ; vous avez contracté l'habitude de vous amuser toutes seules sans le secours des plaisirs bruyans. Maintenant vous allez retourner dans le monde avec un caractère propre à en goûter les plaisirs avec modération, et à en essuyer les disgrâces avec résignation.

O madame ! reprit Emma, comment pourrons-nous jamais nous rendre dignes de votre bonté et de votre indulgence? Mais combien notre conduite a dû vous déplaire ! que nous avons dû vous paraître méprisables ! Vous ne vous êtes pas contentée de nous apprendre à devenir aimables, votre exemple nous a forcées à l'être. Je vais retourner dans la société, et si j'y ressens jamais le moindre penchant à l'orgueil et à la vanité, je penserai à Barmouth et je redeviendrai humble.

Vous êtes, en vérité, une bien aimable fille, répartit madame Clevelan, j'ai le plaisir de découvrir chaque jour en vous quelque nouvelle qualité qui me force à vous aimer et à vous admirer davantage. Les défauts que j'ai autrefois remarqués en vous, n'étaient que les effets des mauvais exemples et des mauvais conseils. Votre gouvernante, de qui vous aviez conçu une si haute opinion, ne s'appliquait qu'aux qualités superficielles, sans chercher à former votre cœur. Mais allons, mes enfans, chez ce pauvre Burfond, et nous verrons ce que nous pourrons faire pour lui.

En arrivant elles trouvèrent le malheureux en proie à de si vives douleurs, que madame Clevelan craignit qu'il n'eût la jambe cassée. Toutefois elle eut la satisfaction de voir que la compresse qu'elle avait fait mettre sur sa blessure, lui avait procuré beaucoup de soulagement; qu'elle avait fait disparaître l'enflure, et Burfond était convaincu que sa jambe n'était pas fracturée. Ce pauvre diable apprit avec beaucoup de regret le départ de madame Clevelan. La promesse qu'elle lui fit de lui donner tous les ans dix liv. sterlings, ne put le consoler.

Il y avait déjà un mois que le château de lady Luton était entièrement réparé, lorsqu'elle reçut la nouvelle du retour de son amie. Tous les domestiques furent transportés de joie en songeant qu'ils allaient revoir une maîtresse pour laquelle ils avaient tant de respect et d'attachement.

Quoique madame Clevelan eût chargé lady Luton de distribuer pendant son absence les aumônes qu'elle avait coutume de faire, la manière dont celle-ci donnait, faisait regretter madame Clevelan. Elle n'avait pas comme elle le talent de rendre ses largesses plus précieuses par la manière de les distribuer.

Le jour où elle devait arriver fut pour tous un jour de fête. Les cloches commencèrent à sonner avant le lever du soleil; les enfans de l'école de charité mirent leurs habits du dimanche. Tous les villageois assemblés sur la place, attendaient avec impatience le retour de leur bienfaitrice. Ils lui témoignèrent, à son arrivée, leur fidélité, leur attachement et la joie qu'ils avaient de la revoir, d'une manière si naïve et si respectueuse, qu'elle ne put retenir ses larmes tant elle en était attendrie.

L'INNOCENCE JUSTIFIÉE

ET

L'ARTIFICE DÉCOUVERT.

PREMIÈRE PARTIE.

Madame Cavendish, se promenant avec sa fille Mathilde, pendant une soirée d'été, sur les bords de la Tamise, dans les environs de Kingston, aperçut une femme habillée à la chinoise, assise sur l'herbe, et ne détachant pas ses yeux d'un panier d'osier qui flottait sur l'eau, et que la marée en descendant faisait voguer lentement. La curiosité l'engagea à s'approcher du bord de la rivière et à examiner le panier qui semblait disposé de manière à fixer l'attention des étrangers. Un coup de vent qui se leva tout-à-coup, l'éloigna du rivage et trompa ses vœux et son attente.

La curiosité de madame Cavendish, excitée d'abord par la singularité de cet objet, fut de suite augmentée par l'impossibilité de la satisfaire. Pendant qu'elle réfléchissait sur ce qu'elle venait de voir, la femme dont nous venons de parler s'approche d'elle avec précipitation : elle suivait le panier, et tout annonçait en elle l'impatience et l'embarras.

Dans ce moment arriva un pêcheur qui se mit à détacher un petit canot amarré à un poteau.

Bonhomme, lui dit madame Cavendish, je suis fort inquiète de voir ce que renferme ce petit panier d'osier; il vous sera facile de l'atteindre en menant votre canot à la rame, et si vous me l'apportez, soyez sûr que je vous récompenserai de vos peines.

Cet homme saute aussitôt dans son canot, ôte son habit, et en moins de cinq minutes atteint le panier, le prend dans son canot, et se met en devoir de retourner promptement vers madame Cavendish. Dès que la Chinoise s'aperçut de ce mouvement, elle quitta le bord de la rivière et prit tranquillement le chemin de Londres.

Quand le pêcheur fut de retour à l'endroit d'où il était parti, il rattacha son canot, puis saluant madame Cavendish, lui dit : Je suis sûr, Madame, que ce joli poupon appartient à cette coquine qui vient de décamper dès qu'elle m'a vu chercher à le rattraper.

Un enfant ! s'écria madame Cavendish, en considérant le panier que le bâtelier tenait encore ; comme l'innocence est peinte dans tous ses traits ! qu'il a l'air suppliant ! comme son sourire est charmant ! mon cœur compatit déjà à sa situation malheureuse. Mon ami, continua-t-elle en parlant au bâtelier, mettez-là cet enfant et tâchez de m'amener cette malheureuse qui a poussé l'inhumanité au point de chercher à faire périr cette aimable créature.

Cet homme exécuta sur-le-champ l'ordre de madame Cavendish; en moins d'un quart-d'heure il fut de retour avec cette femme qu'il amenait de force. Sitôt qu'elle s'aperçut que madame Cavendish tenait son enfant entre ses bras, elle tomba à ses genoux, et, sans répondre aux diverses questions qu'on lui fit, elle gardait cette attitude humiliante. Ce ne fut que lorsque madame Cavendish la tira par son vêtement, en lui demandant si cet enfant était à elle, qu'elle répondit: Mon enfant! mon enfant! Oui, ce pauvre enfant est à moi.

En ce cas, répliqua madame Cavendish, comment avez-vous pu pousser la cruauté et l'inhumanité assez loin pour abandonner cette innocente créature à la merci des flots? il faut que vous soyez une bien méchante femme, et vous méritez bien d'être punie, suivant la rigueur des lois.

Moi pas méchante, moi bien aimer mon enfant; mais moi n'avoir ni pain ni riz, ni rien à lui donner, et moi vouloir pas voir lui mourir de faim; pour cela, moi exposer lui comme on fait en Chine, parce que moi espérer quelque âme charitable prendre lui et lui donner ce dont il a besoin; alors pauvre Ousanque se coucher et mourir, et ne plus crier après son cruel mari.

Madame Cavendish fut vivement touchée du récit ingénu de cette malheureuse femme. Elle se rappela aussitôt que c'était effectivement la coutume en Chine d'exposer ainsi les filles lorsqu'on n'avait pas le moyen de les nourrir. L'horreur que lui avait inspirée cette action se changea en compassion pour la malheureuse qui l'avait commise. Elle se mit à la questionner, et apprit d'elle que sa beauté avait séduit un matelot de la suite de lord Macartney, que ce malheureux avait acquis une assez grande connaissance de la langue de ce pays pour la tromper par l'énergie de ses discours, qu'il l'avait engagée à s'habiller en homme et à demander au capitaine de la passer en Angleterre. Cette infortunée n'eut pas de peine à obtenir cette grâce; elle abandonna son pays, ses parens et ses amis pour un infâme séducteur qui l'abandonna dès que l'équipage fut payé, et monta sur un autre bâtiment destiné pour les Indes, la laissant en pays étranger, sans amis, sans argent, en un mot sans le moindre secours.

La maîtresse de l'auberge où elle logea à Portsmouth, touchée de son malheur, lui donna quinze schellings, quoiqu'elle lui en dût environ vingt-cinq pour sa dépense, et lui remit une lettre pour lord Macartney, à qui elle faisait part de la situation affreuse de cette infortunée, et le suppliait de venir à son secours. Elle se mit en route pour Londres avec la lettre dans sa poche et son enfant attaché derrière son dos : elle était déjà arrivée près de Kingston, lorsqu'elle fut attaquée et assommée par des voleurs, qui lui prirent son argent, ses hardes et la lettre qu'elle avait pour lord Macartney.

Elle eut, selon toute apparence, terminé alors sa vie et sa misère, si le ciel n'eût fait passer par là le cocher d'une voiture publique. Ce brave homme la voyant étendue par terre, sauta aussitôt de son siége, et touché de sa malheureuse situation, la prit et la mit dans son carrosse, qui, par hasard, se trouvait alors vide; il la conduisit à la première auberge, pria la maîtresse du logis d'en avoir soin, et lui promit de lui payer le lendemain, en repassant, la dépense qu'elle pourrait faire. Ce dessein généreux ne put être mis à exécution, car à peine notre cocher était-il à dix lieues de Kingston, que ses chevaux effrayés prirent le mors aux dents et entraînèrent la voiture contre une barière, avec tant de violence, que le pauvre diable fut renversé de son siége et se cassa la jambe.

La pauvre Ousanque ainsi abandonnée, réduite à la dernière misère, se mit à errer dans les environs de Kingston. ’état dans lequel elle se trouvait approchait de la folie. Il était encore aggravé ar les cris que la faim faisait jeter à son enfant, et la douleur qu’elle ressentait de n’avoir rien à lui donner, car tout le onde, insensible à son malheur, refusait e le soulager. C’était alors qu’elle s’était éterminée à exposer son enfant, et les suites de cette action furent aussi heureuses pour elle que pour lui. Pendant e madame Cavendish écoutait attentivement le récit de cette pauvre femme, Mathilde s’amusait à admirer la beauté de son enfant. Sitôt qu’elle entendit sa mère dire qu’elle voulait prendre avec elle la ère et l’enfant, sa joie éclata dans tout son extérieur; elle lui assura qu’elle voulait elle-même élever l'enfant et qu'elle ne voulait plus jouer avec des poupées.

Le costume singulier de cette femme et de son enfant avait excité son attention et son étonnement; mais quand elle vit que cette pauvre petite était si fort serrée dans son maillot, qu'elle ne pouvait se remuer, elle fit éclater son mécontentement en disant qu'il eût été moins cruel de la noyer que de l'arranger de la sorte, car au moins elle serait délivrée de tous les maux, au lieu qu'elle était ainsi dans des souffrances perpétuelles.

Madame Cavendish représenta à sa fille que c'était la coutume en Chine de serrer ainsi les enfans de peur qu'en les laissant librement agir dans les maillots, leurs membres ne vinssent à prendre une mauvaise forme en grandissant, et qu'on leur serrait surtout les pieds d'une manière toute particulière, parce qu'à la hine on faisait plus de cas d'un petit pied que d'une jolie figure.

La pauvre Ousanque ne savait comment exprimer sa joie et sa reconnaissance envers madame Cavendish, lorsqu'elle lui promit de la recevoir chez elle, et de faire connaître sa déplorable situation à lord Macartney. Elle tomba aux pieds de sa bienfaitrice, baisa le bas de sa robe. Elle semblait la prendre pour une divinité.

Mathilde pria sa mère de faire habiller l'enfant à l'européenne, et de lui laisser le plaisir de faire sa layette. Madame Cavendish en fut d'autant plus étonnée, que sa fille n'avait jusqu'alors montré aucun goût pour le travail.

Madame Cavindish tint la parole qu'elle avait donnée à Ousanque d'écrire à lord Macartney pour l'engager à venir à son secours. Elle n'avait pas encore reçu de réponse, lorsque cette infortunée fut tout-à-coup attaquée d'une maladie grave.

On fit venir aussitôt un médecin qui, d'après les symptômes de la maladie, déclara que c'était la petite-vérole. On s'aperçut le lendemain qu'il ne s'était point trompé. Au bout de quelques jours le mal éclata avec tant de violence, que l'on commença à craindre pour les jour de la malade. On lui prodigua tous le soins que l'humanité prescrivait; elle e était si pénétrée, que, dans les momen de relâche que lui donnait la fièvre, el en témoignait à sa bienfaitrice toute s reconnaissance en des termes si ingénu et si expressifs, que celle-ci se trouvai souvent obligée de quitter sa chambr pour cacher son émotion et répandr des larmes sur l'état malheureux de cett pauvre femme.

Le docteur Longford avait, au com mencement de cette maladie, jugé qu les suites en seraient funestes, et qu'i n'y avait aucun moyen de sauver l malade. Il fit part de son opinion madame Cavendish, et l'événement prouva qu'elle avait été fort juste.

L'enfant tomba malade le jour de la mort de sa mère. Madame Cavendish, qui dès-lors regarda comme un devoir sacré pour elle de l'élever et d'en avoir soin, résolut, s'il en réchappait, de lui donner une éducation qui lui procurât une existence à la fois honnête et douce.

Le premier soin de cette respectable femme, après la mort de la mère, fut de faire baptiser l'enfant. Elle pria M. et madame Fowler, ses amis intimes, d'en être le parrain et la marraine. Mathilde voulait qu'on lui donnât son nom; mais sa mère lui ayant démontré les inconvéniens qui en résulteraient, il fut à la fin décidé qu'on l'appellerait Pékin, pour rappeler le souvenir de la patrie de sa malheureuse mère.

Quoique la maladie de la petite Pékin fût très grave et très dangereuse, elle eut pourtant les suites les plus heureuses, car au bout de six semaines elle n'avait plus la moindre marque de petite-vérole.

La tendresse que Mathilde avait pour cette enfant augmentait tous les jours, et la pauvre petite lui en témoignait sa reconnaissance. Dès qu'elle put parler, Mathilde entreprit de lui montrer l'alphabet, et à peine avait-elle quatre ans, qu'elle était déjà en état de lire quelques historiettes de madame Trimmer, aussi bien que son institutrice, qui entrait alors dans sa dixième année.

Le plus jeune frère de madame Cavendish avait, au grand mécontentement de toute sa famille, épousé la fille d'un marchand de village dont la beauté l'avait séduit et qui avait su se contrefaire au point de lui en imposer sur son peu d'intelligence. Il était alors enseigne au 42ᵉ régiment, et quoiqu'il fût d'une bonne famille, il jouissait d'une fortune fort modique, ce qui rendait sa démarche d'autant plus impolitique et imprudente.

Aucun de ses parens, excepté madame Cavendish ne voulait avoir de correspondance avec lui ni avec sa femme, et quoique dans le fond, elle ne fût pas moins mécontente que les autres de son mariage, elle l'invita cependant à venir avec sa femme passer l'été près d'elle à Kingston.

Les manières communes de madame Roper, la bassesse de son esprit, l'affectation et la dissimulation qui perçaient dans toutes ses actions, avaient tellement frappé madame Cavendish, qu'elle ne pouvait concevoir qu'un jeune homme de dix-neuf ans même pût devenir sa dupe. Son malheureux frère n'eut pas le temps de se repentir de sa sottise ; cinq mois après son mariage il fut attaqué d'un rhume violent qui affecta sa poitrine et le conduisit au tombeau en peu de jours. Il mourut pendant qu'il était chez son aimable sœur; il lui recommanda sa veuve et l'enfant qu'elle portait.

Madame Cavendish était alors en deuil de son mari qu'elle avait tendrement aimé. Si sa belle-sœur eût été une tout autre femme, c'eût été pour elle un grand avantage que sa société, car Mathilde n'avait alors que sept mois; mais il y avait entre leurs caractères et leurs manières une différence trop frappante pour que madame Cavendish pût se résoudre à la prendre chez elle : elle préféra lui proposer une pension de 100 liv. sterling, dont elle pourrait jouir à sa volonté, espérant par là l'engager à retourner dans sa famille.

Mais madame Roper entendait trop bien ses intérêts pour s'éloigner ainsi de sa belle-sœur. Sous prétexte d'un violent attachement pour elle, elle lui fit sentir qu'elle ne pouvait avoir de bonheur qu'en retrouvant les traits de son cher Edmond dans ceux de son aimable sœur.

Elle loua, en conséquence, un petit

appartement au premier étage, à Kingston, et, à l'aide de divers prétextes, elle parvint à doubler presque son revenu.

L'enfant dont elle accoucha était une fille qui ressemblait singulièrement à son père. Madame Cavendish l'aimait presque aussi tendrement que si elle eût été sa fille, et comme il n'y avait qu'un an de différence entre Charlotte (car c'est ainsi qu'elle se nommait) et sa cousine Mathilde, elles passaient ensemble la plus grande partie du temps, quoique la différence de leurs caractères occasionnât entre elles de fréquentes querelles.

Du moment que madame Cavendish adopta la petite Pékin, madame Roper perdit sa joie et son repos ; ce n'était qu'avec une peine infinie qu'elle pouvait prendre sur elle de ne point faire éclater son mécontentement en présence de sa belle-sœur; mais au reste elle se dédommageait bien de cette contrainte pendant son absence, car elle ne cessait de répéter à sa fille que Pékin était un obstacle invincible à sa fortune et à son bonheur. Elle ne parlait à ses connaissances que de son propre malheur et des injustices dont elle prétendait avoir à se plaindre de la part de madame Cavendish, qui prodiguait un bien qui n'appartenait qu'à elle et à Charlotte, à une vaurienne, à une petite vagabonde, qui ne saurait reconnaître toutes ses bontés que par le mépris et l'ingratitude. Tout le monde sait, disait-elle, quelle race affreuse sont ces Chinoises, qui ne se plaisent qu'à piller, voler et tromper tout le monde, et Dieu sait si jusqu'ici cette petite coquine a démenti les qualités de ses compatriotes.

Tels étaient les discours de madame Roper en l'absence de sa belle-sœur : en sa présence, c'était tout autre chose, Pékin était la plus jolie créature du monde, et madame Cavendish, la plus aimable de toutes les femmes. Charlotte, qui n'était pas encore d'âge à cacher son mauvais naturel sous le voile de l'hypocrisie, jouait à cette pauvre petite Pékin les tours les plus perfides. Celle-ci supportait tout sans en rien dire; jamais il ne lui échappait la moindre plainte, ni le moindre murmure; car, quoi qu'en pût dire madame Roper, c'était l'enfant le plus accompli que l'on eût pu jamais rencontrer.

SECONDE PARTIE.

A mesure que l'aimable et l'intéressante Pékin avançait en âge, madame Cavendish s'attachait davantage à elle, et madame Roper en était d'autant plus mortifiée, qu'elle voyait sa fille perdre tous les jours de l'amitié de sa tante. Le fait est que madame Cavendish avait cru reconnaître dans le caractère de sa nièce un fond de jalousie insupportable, une petitesse d'esprit susceptible de toutes sortes de bassesses, et cela avait beaucoup diminué l'estime et la tendresse qu'elle avait pour elle.

Madame Cavendish voulait élever sa petite protégée de manière à ce qu'elle pût un jour être à même de faire l'éducation de jeunes demoiselles; et pour la rendre à la fois utile et respectable, elle voulut qu'elle n'eût point d'autres maîtres que ceux de Charlotte et de Mathilde, et qu'ils eussent pour elle les mêmes soins qu'ils avaient pour sa fille et sa nièce.

Tant d'attention de la part de madame Cavendish, causait autant de joie à Mathilde que de peine à Charlotte. Elle avait conçu pour Pékin une haine invétérée qu'augmentaient encore les éloges qu'on lui prodiguait. Aussi résolut-elle de la perdre dans l'esprit de sa tante, et comme elle ne pouvait y parvenir par des discours malins et des suggestions perfides, elle résolut d'avoir recours à des manœuvres tramées avec autant de réflexion que de noirceur.

Madame Cavendish avait derrière sa maison un fort beau jardin : il était planté d'arbres en espaliers de toute espèce. Elle en avait fait un choix particulier, car son plus grand plaisir était d'en donner les fruits à ceux de ses amis qui ne pouvaient avoir d'espaliers.

Charlotte s'étant aperçue que sa tante avait fort à cœur de conserver ces fruits, forma le projet de les cueillir. Elle cherchait avec tant d'empressement l'occasion d'entrer seule au jardin, que chaque fois qu'elle la trouvait, elle cueillait trois ou quatre pêches, et avait grand soin d'en mettre les noyaux au fond d'une petite boîte que Pékin avait dans sa chambre.

Quelques jours après madame Cavendish crut s'apercevoir qu'il manquait des fruits à ses arbres, sans pourtant avoir de certitude là-desssus ; enfin elle s'avisa de les compter sans faire part de ses soupçons à qui que ce fût.

Le lendemain matin elle alla dans son

jardin, et vit clairement qu'il lui manquait onze des plus belles pêches. Elle revint dans son salon, où madame Roper, Mathilde, Pékin et Charlotte étaient à travailler; elle leur témoigna combien ce dont elle venait de s'apercevoir la mécontentait; qu'elle voudrait bien connaître l'auteur d'une action aussi basse.

J'étais bien sûre, Pékin, dit Charlotte, que vous ne pourriez manger toutes les pêches que je vous ai vue prendre, sans être découverte; et si je n'eus pas craint que ma cousine me taxât de bavardage, j'aurais bien recommandé à ma tante de prendre garde à vous, la première fois que je vous ai surprise.

Vous m'avez surprise à prendre des pêches, mademoiselle Roper, répondit Pékin, étonnée d'une pareille accusation! Je proteste sur mon honneur que je n'ai touché de l'année d'autres pêches que celles que madame Cavendish a eu la bonté de me donner.

Oui, reprit Charlotte, je vous ai vue prendre des pêches ; c'est vous parler *français*, je crois ; je vous ai même vue les porter dans votre chambre ; pouvez-vous le nier, mademoiselle, qui vous targuez tant de votre honnêteté.

Oui, je puis le nier, dit Pékin fondant en larmes ; je suis surprise que vous soyez assez méchante pour inventer de pareils mensonges.

Vous êtes bien hardie et bien effrontée, petite vagabonde, s'écria madame Roper, de prétendre que ma fille a dit un mensonge. Je me doutais bien que ce serait de cette manière que vous reconnaîtriez les bontés de ma sœur, car tous les gens de votre pays sont un tas de coquins et de fripons.

Madame Roper, reprit madame Cavendish, cette petite fille est ici sous ma protection, et je ne souffrirai jamais que qui que ce soit l'insulte et l'opprime. Si elle a pris les pêches, elle a commis une grande faute, mais il n'y a que moi qui aie le droit de l'en punir. Au reste, je suis fort disposée à croire que ma nièce s'est méprise.

Oh ! point du tout, ma tante, reprit Charlotte, je l'ai vue en manger une en haut ; ses doigts étaient même encore remplis de jus.

— Eh bien, ma sœur, s'écria madame Roper, vous n'avez qu'à monter dans sa chambre ; les noyaux seront sûrement restés dans quelque boîte ou dans quelque tiroir.

Madame Cavendish suivit l'avis de sa sœur, et revint un moment après avec environ quarante noyaux de pêches.

Pékin devint aussi rouge que le feu, et dit en tremblant à madame Cavendish : Ce n'est pas sûrement dans ma chambre que vous les avez trouvés ?

Pardonnez-moi, reprit madame Cavendish, c'est justement dans la vôtre que je les ai trouvés. Je vous avouerai même que j'étais loin de m'y attendre. En vérité, Pékin, votre conduite a troublé mon repos, en détruisant mes espérances et l'amitié que j'avais pour vous. J'aurais bien pu vous passer le vol du fruit, mais l'assurance avec laquelle vous le niez, c'est à quoi je ne devais pas m'attendre, et c'est ce que je n'oublierai de ma vie. Rendez-vous sur-le-champ dans votre chambre, et ne paraissez devant moi que lorsque ma colère et mon chagrin seront apaisés.

La pauvre Pékin n'osa chercher à émouvoir la pitié de sa bienfaitrice dans la crainte de l'offenser; elle se retira dans sa chambre, toute troublée et réduite au désespoir. On ne voulut pas souffrir que Mathilde allât la voir. Il y avait déjà trois jours qu'elle était ainsi captive, lorsque les domestiques qui lui portaient sa nourriture, rendirent compte à madame Cavendish que la douleur l'accablait et l'empêchait même de manger. Alors elle se détermina à lui pardonner dans la crainte de la rendre malade, quoique son intention fût d'abord de faire durer plus longtemps sa détention.

Charlotte eut alors la douleur de voir Pékin rentrer dans les bonnes grâces de sa tante ; madame Roper qui avait eu part aux projets de sa fille, fut horriblement vexée de voir qu'il avait eu un si mauvais succès ; elles en conçurent un autre où il y avait beaucoup plus à risquer, mais dont les suites devaient nécessairement être beaucoup plus décisives.

Madame Cavendish était singulièrement attachée à une petite miniature qu'elle portait à un bracelet et qui représentait le portrait de son époux. Elle avait coutume de l'enfermer dans une boîte qui s'ouvrait par un ressort, et qu'elle laissait ordinairement sur sa toilette. Elle s'était fait une loi de ne jamais l'ouvrir en présence des domestiques, mais tous les enfans en connaissaient le secret. Charlotte forma la résolution de s'emparer de ce bijou, et le remit à une pauvre fille fort bornée qui avait autrefois servi madame Roper, et qui se rendait alors à Londres. Elle sut endoctriner cette malheureuse, au point qu'elle se chargea de le vendre. Charlotte lui recommanda bien que si on venait à lui demander de qui elle la tenait, elle eût à répondre que c'était de la petite fille qui demeurait chez madame Cavendish, qui l'avait trouvée en se promenant sur le bord de la rivière.

Comme madame Cavendish n'avait jamais demeuré à Londres, et que cette servante était connue pour avoir demeuré chez madame Roper, le bijoutier n'eut pas de peine à croire ce qu'elle lui dit. Il prit sa miniature, lui donna une guinée à compte, et lui en promit une autre si au bout d'un mois on ne la réclamait pas : ce qui pouvait, à son avis, fort bien arriver, car elle ne pouvait appartenir qu'à quelqu'un du voisinage, qui ne manquerait pas de faire des recherches.

Comme madame Cavendish ne portait ce bracelet que lorsqu'elle se mettait en grande parure, quinze jours s'écoulèrent sans qu'elle pût découvrir le vol. La patience de Charlotte était à bout, quand enfin arriva le jour tant souhaité qui devait perdre sans ressource celle à qui elle avait voué une haine implacable, et lui donner en même temps le plaisir inexprimable d'être témoin de sa ruine.

Madame Cavendish fut singulièrement étonnée en ouvrant la boîte de ne plus trouver son bracelet. Elle ne le crut pourtant pas perdu ; elle s'imagina qu'elle pourrait fort bien l'avoir serré ailleurs avec quelqu'autre de ses bijoux. Dans cette idée elle fouilla, mais en vain, dans tous les tiroirs, dans toutes les boîtes et les armoires ; ce fut alors que son déplaisir fut porté jusqu'à l'inquiétude. Elle se souvenait d'avoir ôté son bracelet la dernière fois qu'elle avait fait des visites, et plus elle réfléchissait, et plus elle était tourmentée par ses soupçons, moins elle savait sur qui les faire tomber.

Tous ses domestiques étaient avec elle depuis treize à quatorze ans, d'ailleurs leur fidélité avait souvent été mise à l'épreuve. Pékin ne l'avait trompée qu'une seule fois, et encore que pouvait-elle faire du bracelet dans un âge aussi tendre? Elle croyait bien Charlotte capable des tours les plus noirs, mais seulement lorsqu'elle y était intéressée.

Désolée de la perte d'un bijou auquel elle attachait tant de prix, et ne sachant que faire pour le retrouver, elle prit le parti de le faire crier. Elle s'imagina qu'elle pouvait s'être trompée, et que peut-être elle l'avait perdu en revenant de chez monsieur Fowler.

Le bijoutier qui l'avait acheté, était justement devant sa porte lorsque le crieur en annonça la perte et en fit la description. Il rentra dans sa boutique, et après avoir examiné celui qu'il avait acheté, il vit que c'était précisément le même que l'on réclamait. Il appela le crieur, lui rendit compte de la manière dont il en avait fait l'acquisition. Tous deux alors soupçonnent Pékin de friponnerie, car il était impossible qu'étant chez madame Cavendish depuis dix ans, elle pût ignorer que le bijou fût à elle.

Le bijoutier résolut de se rendre avec le crieur chez madame Cavendish, pour lui rendre compte de la manière dont le bijou était tombé dans ses mains, et pour lui demander, l'un le remboursement de la guinée qu'il avait avancée, et l'autre son salaire.

Madame Cavendish et Mathilde étaient allées faire des visites, lorsque les deux hommes arrivèrent chez elles ; madame Roper était avec sa fille dans la salle ; de la croisée elle les vit passer, et elle s'écria :

Voilà le crieur et monsieur Martin qui sonnent ; ma foi, du coup, nous aurons des nouvelles du bracelet.

Je l'espère, dit Pékin, et je suis sûre que ma marraine en sera bien contente. Elle se disposait en même temps à sortir pour s'assurer si son attente n'était pas déçue.

Doucement, petite morveuse ; vous êtes bien pressée, dit madame Roper en la saisissant par les épaules et la poussant avec violence à l'autre bout de la chambre. Je prends, je crois, autant d'intérêt que vous au bien de votre chère marraine, et je suis bien plus propre que vous à le recouvrer.

Elle sortit à ces mots, et laissa la pauvre Pékin toute stupéfaite et fondant en larmes. Charlotte, avec un sourire malin, semblait s'applaudir de son adresse et de l'heureux succès de son projet.

Un instant après, madame Roper rentra avec le bijoutier et le crieur ; elle s'écria d'un ton de voix étouffée par la colère : Vous voilà donc, vile créature, monstre d'ingratitude ! c'est donc ainsi que vous reconnaissez les bontés de ma pauvre sœur, c'est en lui volant la chose du monde à laquelle elle attache le plus de prix ; vous prétendez après cela, avec l'effronterie d'une coquine consommée, aller prendre connaissance d'un objet que vous avez volé et vendu ; mais je ne suis pas la dupe de vos tours, coquine que vous êtes, vous aviez peur que votre trouble ne vous décelât, et vous ne vouliez sortir que pour le cacher. Mais où est la guinée que vous avez reçue de M. Martin? donnez-la moi sur-le-champ, petite bâtarde, mauvais sujet.

Pendant que madame Roper la traitait ainsi de la manière la plus atroce, cette pauvre malheureuse était involontairement tombée à ses genoux, et protestait de son innocence en des termes qu'une conscience pure est seule capable de dicter.

Venez, mon enfant, venez, disait M. Martin, n'augmentez pas votre faute en la niant ; mais avouez ce que vous avez fait de l'argent et ce qui a pu vous porter à commettre un crime si énorme.

Venez, Pékin, venez donc, lui dit le crieur, car je pense bien qu'il m'est permis de la traiter ainsi, et que le mot demoiselle est trop beau pour vous ; soyez bonne fille avant tout, cela engagera à parler pour vous à madame, car vous êtes encore jeune, et cela fait que l'on est disposé à vous pardonner ; mais si vous vous obstinez et si vous persistez à nier, vous ne trouverez personne qui veuille se charger de prendre votre défense.

Je vous jure, répliqua la pauvre Pékin, que la douleur avait presque suffoquée, que je ne connais pas plus le portrait que vous ; quant à la guinée, je n'en ai possédé de ma vie. Je vous en supplie, mon cher monsieur, continua-t-elle, je vous en supplie, ne donnez pas une aussi mauvaise idée de moi à ma marraine, je mourrais s'il fallait qu'elle vînt à penser que je suis capable d'un pareil crime !

Le penser ! s'écria madame Roper, le penser ! je vous jure qu'elle fera plus que le penser, car elle le saura au moment même, non-seulement elle, mais encore votre amie madame Fowler et toute la ville. Elle se disposait à sortir au même moment pour mettre sa menace à exécution.

La pauvre Pékin, dont la crainte et l'épouvante avait troublé la raison et les sens, arrêta madame Roper par sa robe, et chercha par ses accens plaintifs à émouvoir sa pitié. Ce fut avec bien de la peine que celle-ci parvint à la lui faire lâcher, et sitôt qu'elle se sentit libre, elle s'élança hors de l'appartement, et donna au crieur la commission de garder cette petite malheureuse.

Madame Cavendish était en train de raconter à madame Fowler un trait qui démontrait le bon caractère de sa filleule, lorsque madame Roper entrant, se mit à dire d'un ton qui annonçait le plaisir qu'elle ressentait : Eh bien ! ma sœur, j'espère que vous ajouterez foi à mes prédictions, j'ai de belles choses à vous apprendre; ce n'est, au reste, je vous jure, que ce que je prévoyais depuis long-temps. Puis, adressant la parole à madame Fowler, elle lui raconta ce qui venait de se passer, ayant soin d'exagérer tout ce qu'elle crut propre à exciter l'indignation de sa sœur.

Madame Cavendish écoutait son récit avec un chagrin mêlé de surprise; Mathilde fondait en larmes, et priait sa maman de ne pas condamner la pauvre Pékin avant de lui avoir donné le temps et les moyens de se justifier.

Elle ne pourra jamais y parvenir, ma bonne amie, reprit madame Cavendish, les faits déposent contre elle. Je voudrais m'épargner le chagrin d'être témoin de ses prétendus regrets : une action de cette nature annonce qu'elle n'en restera pas là. C'est un enfant perdu, continua-t-elle, et je vous avouerai que je ressens plus de peine en songeant à la fin horrible qu'elle se prépare qu'aux désagrémens qu'elle me fait éprouver. Que faire d'elle ? je n'en sais rien, je veux y réfléchir quelque temps. Je ne veux pas toutefois qu'elle attende chez moi que j'aie pris un parti à son égard.

En ce cas, dit madame Roper, envoyez-la chez moi : quoiqu'il ne soit pas fort agréable de recueillir chez soi une voleuse avérée, je passerai par-dessus quelques inconvéniens pour vous être utile. Vous avez bien de la bonté, reprit madame Cavendish ; mais comme je connais l'aversion de Charlotte pour cette pauvre fille, je ne veux pas lui donner occasion de l'insulter. Si elle a fait un faux pas, ce n'est pas une raison pour l'écraser tout-à-fait.

Je la prendrai, moi, dit madame Fowler; Clark va l'aller chercher ; et pour épargner à madame Cavendish l'entretien qu'elle semble appréhender, il prendra par les derrières.

Lorsque Clark arriva chez madame Cavendish, il ne pouvait revenir de son étonnement en apprenant ce qui venait de se passer. Il se doutait, ainsi que les autres domestiques, qu'il y avait dans le fond quelqu'artifice, et que la pauvre Pékin finirait par se justifier. Tous l'embrassèrent tendrement, et comme ils lui représentèrent que sa marraine ne la faisait venir chez madame Fowler que dans l'intention de l'entendre, ils n'eurent pas de peine à la déterminer à suivre Clark; si elle avait pu se douter qu'elle quittait pour toujours la maison de sa protectrice, rien au monde n'aurait pu la déterminer à en sortir.

Lorsque madame Fowler lui eut appris qu'elle resterait chez elle jusqu'à ce que sa bienfaitrice eût pu réfléchir au parti qu'elle devait prendre à son égard, elle parut si affligée, et protesta de son innocence en termes si énergiques, que madame Fowler commença à concevoir des soupçons sur la vérité des faits qu'on lui imputait, et que son époux résolut de se rendre chez le joaillier pour prendre de lui des renseignemens certains.

Le rapport du bijoutier augmenta ses doutes, et il voulut à tout hasard voir la servante qui avait porté le bracelet chez lui. Ce ne fut pas sans peine qu'il découvrit sa demeure à Londres ; à force de promesses et de menaces, il vint à bout d'en tirer les éclaircissemens dont il avait besoin. Il envoya alors son domestique chercher une chaise de poste, et exigea de cette fille qu'elle l'accompagnât à Kingston. Il se fit conduire directement chez madame Roper; mais comme il ne la trouva pas chez elle, il se rendit chez madame Cavendish dans l'espoir de l'y trouver. En descendant de voiture, il prit sa compagne par le bras, et sans se faire annoncer, il entra brusquement dans le salon.

Il est un peu tard, madame, dit-il à madame Cavendish, pour vous annoncer une visite de Londres; mais quand il s'agit de détruire un soupçon injuste et de découvrir un crime, je pense qu'il est inutile de s'arrêter au cérémonial; quant à vous, madame, dit-il à madame Roper, en lui lançant un regard plein d'indignation, comme cette fille est une de vos anciennes connaissances, elle n'avait pas besoin de se faire annoncer.

Madame Roper jugeant qu'elle ne se retirerait pas avantageusement d'une explication, jugea à propos de l'éviter. Elle se leva, et prenant Charlotte par la main : Viens, mon enfant, lui dit-elle, sortons d'une maison où nous n'avons jamais essuyé que des injures et du mépris. A ces mots elle quitta l'appartement, laissant madame Cavendish dans un étonnement dont elle ne pouvait revenir.

M. Fowler la mit en peu de mots au fait de ce qu'on lui avait raconté; tout s'accordait parfaitement avec le témoignage de cette fille, qui n'aurait pas voulu, disait-elle, pour vingt écus, se charger du bracelet, si elle eût pu se douter qu'il y eût là-dessous la moindre méchanceté.

M. Fowler eut toute les peines du monde à empêcher madame Cavendish d'aller le soir même rechercher sa chère filleule et la rétablir dans sa maison. Le lendemain avant huit heures, elle était déjà auprès d'elle ; elle la pressait contre son sein, et lui témoignait combien elle était fâchée de l'avoir traitée si injustement. Elle lui promit bien de ne plus prêter l'oreille aux suggestions perfides que pourraient faire contre elle des gens intéressés à lui nuire.

La pauvre petite Pékin ressentit alors un plaisir aussi vif que l'avait été sa douleur. Le bonheur de rentrer dans les bonnes grâces de sa marraine, lui fit verser autant de larmes que sa disgrâce lui en avait fait répandre. Mathilde fut aussi transportée de joie, et ce qui mit le comble à leur félicité, c'est que madame Cavendish reçut de madame Roper une lettre dans laquelle elle lui mandait qu'elle quittait définitivement Kingston, et que son intention étant de se fixer chez son frère aîné, elle la priait de lui faire toucher sa pension.

LES SUITES
DE LA DÉSOBÉISSANCE,

ou

L'ENFANT ENLEVÉ.

Dans une belle maison de campagne, sur les bords de la Medway, demeurait un gentilhomme nommé Darnley. Il avait, pendant sa jeunesse, occupé un poste important à la cour, et, dans un âge avancé, il conservait encore ces manières distinguées qui caractérisent un homme accompli.

La perte d'une épouse adorée avait donné à son extérieur et à ses démarches quelque chose de sombre et de sérieux, que beaucoup de gens prenaient pour de la hauteur, quoique dans le fond, rien ne fût plus éloigné du caractère de M. Darnley, car il était affable, doux, humain et bienfaisant.

Toute sa famille consistait en une sœur unique, qui, ayant perdu comme lui l'objet de sa tendresse, cherchait à se consoler de ses malheurs, en partageant ses soins entre son frère et ses aimables enfans.

La fortune de M. Darnley le mettait à portée de les placer dans la première école de Londres, mais il aima mieux se charger lui-même de leur éducation. De plus, madame Collier, sa sœur, lui ayant offert de le seconder, il résolut de ne point prendre d'institutrice encore de quelques années, et de s'en tenir à la bonne Chapmann, leur gouvernante, qui était une digne femme, à qui il pouvait confier ses filles en toute sûreté.

Un ancien ami de M. Darnley, venait d'acheter une maison à Rochester, et l'avait invité à y venir passer quelques jours avec sa sœur. Ils emmenèrent avec eux

Emilie, que madame Collier regarda comme trop grande pour être confiée à une gouvernante, et ils laissèrent à la bonne Chapmann, Sophie, Amanda et Elise.

L'intention de M. Darnley était que ses filles se levassent tous les jours de bonne heure, et allassent faire une longue promenade avant le déjeûner; mais il leur avait en même temps strictement ordonné de ne jamais sortir de ses terres, à moins qu'elles ne fussent avec lui ou avec leur tante. Elles avaient souvent fait tous leurs efforts pour engager leur gouvernante à enfreindre l'ordre de leur père; mais cette digne femme n'avait jamais voulu abuser de la confiance qu'on lui avait accordée, et avait toujours résisté aux instances qui lui avaient été faites.

Le jour qui suivit le départ de M. Darnley, madame Chapmann se trouva indisposée, au point de ne pouvoir accompagner les demoiselles à la promenade. Elle les fit pourtant habiller et les envoya avec une jeune femme-de-chambre à qui elle recommanda de ne pas aller au-delà du petit bois. Elles partirent toutes ensuite de fort bonne heure.

A présent, Susanne, dit Sophie en entrant dans le jardin, vous ne sauriez trouver une plus belle occasion de nous obliger : conduisez-nous au village, vous pourrez vous-même y voir vos parens.

Ah! mademoiselle, reprit cette fille, vous savez que c'en est fait de ma place, si madame Chapmann vient à le découvrir.

Le découvrir! vraiment, dit Amanda, comment voulez-vous qu'elle le découvre? Menez-nous au village, vous serez une bonne fille; oui, ma bonne, ma chère Susanne, menez-nous y, dit Élise, en sautant devant ses sœurs, je vous montrerai le chemin, car j'y fus l'été dernier avec papa.

Soit envie d'obliger ses jeunes maîtresses, soit désir de voir ses parens, Susánne eut le malheur de céder, et notre bande joyeuse fut bientôt arrivée au village.

La mère de Susanne fut ravie d'avoir à la fois le plaisir de voir sa fille, et l'honneur de recevoir mesdemoiselles Darnley. O mes chères, mes aimables demoiselles ! leur dit-elle, il faut que je vous apprête quelque chose à manger, vous devez avoir besoin après une si longue route : mon four est tout chaud, il ne me faudrait pas plus d'un quart d'heure pour vous faire un gâteau, et pour traire Jenny. Un gâteau frais et du lait chaud étaient trop séduisans pour que l'on pût résister à la tentation. Susanne prit quelques tasses de porcelaine qui étaient arrangées sur le manteau de la cheminée, et se mit à les bien essuyer pour ses jeunes maîtresses.

Élise suivit la mère de Susanne à l'étable ; elle l'accablait de mille questions, lorsque toute son attention fut portée vers un jeune agneau qui s'avançait en bêlant vers sa maîtresse, et semblait lui demander son déjeûner.

Il vous faut attendre un peu Billy, et laisser servir avant vous ceux qui valent mieux ; ne voyez-vous donc pas que nous avons aujourd'hui du monde comme il faut à déjeûner.

Élise était tellement charmée de la beauté de ce petit agneau, qu'elle eut envie de l'embrasser. Dans cette vue elle se disposa à le saisir, mais l'ingrat Billy se mit à faire un bond et s'échappa. Élise le suivit dans l'espérance de l'attraper, mais il courut en bêlant jusque sur la grande route.

Il vint à passer au même moment une femme dont les habillemens annonçaient la pauvreté; mais dont l'air riant semblait annoncer un bon caractère. Elle accosta familièrement Élise, en lui disant : cet agneau-là, mademoiselle, n'est pas, à beaucoup près, ni aussi beau, ni aussi doux que celui que j'ai chez moi, car on n'a qu'à l'appeler Bob, et il va vous suivre d'un bout de la ville à l'autre; il rapporte comme un chien; il se dresse sur ses pieds de derrière, dès que mon mari dit : debout! en un mot, il fait plus de tours qu'une jeune chatte.

O le joli animal! reprit Élise, j'aurais bien envie de le voir! Eh bien, venez avec moi, dit cette femme, car je demeure au bout de ce champ; mais il faut courir de toutes vos forces, car mon mari va à l'ouvrage, et il emmène ordinairement Bob avec lui.

En ce cas, dépêchons-nous, dit Élise, car je ne puis m'arrêter une demi-minute. Donnez-moi la main, dit la femme, car nous courrons plus fort ensemble. Mais, voilà mon mari avec Bob, qui selon sa coutume, va bondissant devant lui.

Où donc? ou donc? s'écria Élise en levant la tête tant qu'elle pouvait, afin de voir l'agneau.

Vous n'êtes pas assez grande, lui dit cette artificieuse créature ; mais je vais vous lever, je suis sûre qu'alors vous les verrez. Elle la saisit aussitôt, en lui disant : Regardez du côté du clocher ; je m'en vais courir avec vous, et je gage que nous les attraperons bientôt.

Élise se tua de regarder, mais en vain ; et s'apercevant qu'elle avait déjà perdu le village de vue, elle pria la femme de la mettre à terre, en lui disant qu'elle ne voulait pas aller plus loin.

Cette malheureuse était tellement essoufflée par la rapidité de la course qu'elle venait de faire, qu'elle était hors d'état de lui répondre. Élise continuait à la supplier de s'arrêter, et s'agitait pour se débarrasser de ses bras. Enfin, au bout d'un quart-d'heure, se trouvant excédée, elle s'arrêta et s'assit sur un banc, en tenant fortement Élise par le bras. Cette pauvre enfant jetait des cris horribles, et la suppliait de la laisser aller.

Vous laisser aller, après toute la peine que j'ai eu à vous attraper! Non, non, vous ne m'y prendrez pas, je vous en réponds; mais soyez bonne fille, ne criez plus, et vous verrez Bob tout de suite peut-être.

O mes sœurs! mes sœurs! criait cette pauvre enfant, laissez-moi aller vers elles. Vos sœurs! oh! je vous en trouverai un bon nombre d'ici à peu de jours; mais comme elles ne vous connaîtraient pas avec ces beaux habits, il faut les ôter sur-le-champ, et ensuite nous courrons de nouveau après Bob. A ces mots, elle lui enleva son ajustement, et la força de mettre des haillons qu'elle tira d'un sac qu'elle avait sous son jupon. Elle en tira en même temps une bouteille d'une certaine liqueur, dont elle lui barbouilla le visage, et malgré toutes ses remontrances lui coupa ses beaux cheveux ras de la tête. Elle était alors tellement déguisée, qu'il eût été impossible à monsieur Darnley lui-même de la reconnaître. Elle la fit marcher, jusqu'à ce qu'elle fût excédée de fatigue.

Elles joignirent au moment même le chariot de Cantorbery, et pour une bagatelle que la femme donna au conducteur, il consentit à les conduire à Londres. Élise ne cessait de pleurer, mais elle n'osait se plaindre, car sa barbare compagne l'avait menacée de lui briser les os, si elle avait le malheur de faire le moindre bruit.

Quand elles furent arrivées à la ville, elle la traîna, car il lui était impossible de la faire marcher, dans un misérable souterrain, plus bas que le sol de plusieurs marches ; elle lui donna alors du pain et du beurre et la fit coucher. Son lit, s'il est permis de l'appeler ainsi, n'était autre chose qu'un amas de chiffons jetés dans un coin, sur le quel on avait mis une couverture sale. Elle la laissa alors seule, pleurer son malheur et regretter de n'avoir pas suivi les ordres de son père.

Le lendemain matin, elle partit au point du jour, et la fit marcher tant que ses pauvres petites jambes voulurent la porter, sans lui faire prendre la moindre chose. Elle passa la seconde nuit dans une grange, et le troisième jour, vers les cinq heures après midi, elles arrivèrent à une petite maison qui avait une apparence de propreté. Sa conductrice frappa à la porte, et elle vit en entrant neuf ou dix enfans occupés à faire de la dentelle.

Comment, Peggy, dit la femme qui vint leur ouvrir, je croyais que vous ne vouliez plus revenir? Cependant vous m'amenez quelqu'un, dieu sait si j'en ai besoin, car deux de mes morveuses se sont avisées de tomber malades, et je n'ai de ma vie eu autant à faire.

Le lendemain Élise fut débarrassée de ses guenilles. On lui fit endosser une robe d'étoffe brune, on lui mit un bonnet rond fort propre, et un petit tablier de couleur. La maîtresse de la maison lui donna ordre de répondre à ceux qui lui demanderaient son nom, qu'elle s'appelait Biddy-Bulin, et qu'elle était sa mère. La sévérité que mettait cette méchante femme à faire exécuter ses ordres, empêchait les victimes infortunées, qui étaient sous sa férule de lui désobéir. La plupart d'entr'elles lui avaient été amenées par la malheureuse qui avait trompé Elise, et toutes avaient reçu l'ordre de débiter de pareils mensonges.

Mais il est temps, je pense, de ramener mes jeunes lecteurs à ce qui se passe au village, où nous avons laissé Suzanne préparant le déjeûner, et Sophie et sa sœur attendant avec impatience que le gâteau fût prêt.

La mère de Suzanne revint bientôt avec son pot au lait. Sa fille lui demande avec vivacité : Où est mademoiselle Élise ? O l'aimable enfant ! reprit-elle, elle va revenir dans le moment. Elle est allée courir après Billy : ce sont deux innocens en-

semble. Ensuite elle se hâta de retirer le
gâteau du four, et d'y mettre du beurre.
Sophie, pendant ce temps, courut promptement à la porte de l'étable, et appela
Elise de toutes ses forces. Voyant qu'elle
ne lui répondait pas, elle retourna à la
maison. Suzanne alors commença à être
alarmée ; mais ses jeunes maîtresses la
rassurèrent, en lui disant que ce n'était là
qu'un tour d'Elise. Mais hélas ! elles furent trop tôt désabusées, et virent que ce
n'était pas une plaisanterie, mais qu'il lui
était arrivé quelque malheur.

Tout le village retentit des cris de mademoiselle Elise ! mademoiselle Elise ! Suzanne, sa mère, leurs voisins qui avaient
entendu parler de ce malheur, se tuaient
de l'appeler ; ses sœurs, que la douleur
avaient presque égarées, couraient de tous
côtés en criant : Ma chère Elise, ma bonne
Elise ! si vous êtes cachée, répondez-nous
par charité.

Il était neuf heures et demie passées

lorsque madame Chapmann se leva, et comme on lui dit que les jeunes demoiselles n'étaient pas encore revenues de la promenade, elle envoya une servante au-devant d'elles.

Betty, c'était ainsi qu'elle se nommait, parcourut sans succès le jardin et le petit bois : elle retournait prévenir madame Chapmann qu'elle ne les avait pas trouvées, quand elle aperçut Suzanne et les deux enfans entrant par une petite barrière qui était au bout du bois.

Où est mademoiselle Elise ? s'écria-t-elle de toutes ses forces. Dieu seul le sait, répliqua la négligente Suzanne, que ses sanglots empêchaient de parler. Comment? qu'est-ce? répliqua Betty, notre pauvre gouvernante en va devenir folle. Au moment même, cette digne femme venait de quitter sa chambre, et était descendue dans le jardin pour voir ce qu'étaient devenues ses jeunes élèves. Elles s'approchaient déjà de la maison : Venez, mes enfans, leur dit-elle, ne voyant pas qu'Elise manquait; venez vite, je croyais que vous n'aviez pas envie de revenir. Mais s'apercevant tout-à-coup qu'elle manquait : Eh bien, Suzanne, dit-elle, qu'avez-vous donc fait de mon petit ange, de mon aimable Elise?

O ma bonne! ma bonne! dit Sophie, ma sœur est perdue! vraiment perdue! Perdue! s'écria la pauvre gouvernante; que dites-vous là! que viens-je d'entendre! Ah! mon maître! mon cher maître! je n'oserai plus paraître devant vous.

Suzanne répéta alors à madame Chapmann tout ce que nous venons de rapporter. Elle déplorait la faute qu'elle avait faite en cédant au désir de ses jeunes maîtresses, qui déclarèrent qu'elle ne voulait pas enfreindre l'ordre de leur père.

On fit aussitôt monter à cheval les domestiques, et on leur fit prendre des routes différentes. On ne pouvait plus douter qu'Elise n'eût été enlevée, car il n'y avait pas d'eau dans le voisinage de la maison, et s'il lui fût arrivé quelque malheur, on n'eût pas manqué de la trouver, puisque sa bonne et ses sœurs avaient fouillé tout le village avant de revenir à la maison.

Un des domestiques fut envoyé à Rochester, un autre vers Londres, le troisième et le quatrième devaient les croiser par des chemins de traverse; mais ils ne purent en avoir la moindre nouvelle, pas même le plus léger indice qui pût les aider à la trouver ou à découvrir les traces de l'infâme qui l'avait enlevée.

Le trouble et la douleur de M. Darnley, lorsqu'il apprit cette fâcheuse nouvelle, peuvent bien se concevoir, mais non pas se rendre. Il envoya des circulaires de tous côtés; il y donnait le signalement de sa fille, et promettait une récompense de 500 guinées à qui la lui ramènerait.

Sophie et Amanda étaient inconsolables. On renvoya Suzanne avant le retour de M. Darnley, qui tarda plus d'un mois à revenir chez lui. Comme les personnes qu'il avait envoyées à la recherche de sa fille ne lui rapportèrent pas de nouvelles satisfaisantes, il se rendit lui-même à Londres, et y visita tous les lieux qui servent d'asile au vice et à la misère. A la fin il cessa toutes recherches, s'apercevant que sa santé s'altérait et ne lui permettait pas de les continuer.

Neuf mois se passèrent ainsi tristement, sans qu'on eût la moindre nouvelle d'Elise. Le temps, qui guérit ordinairement tous les maux, n'avait encore pu adoucir le chagrin cuisant qu'avait causé cette perte. Elle avait tellement affecté le moral de M. Darnley, que le physique s'en ressentait. Son état exigeait des attentions et des soins non interrompus; madame Collier, afin de pouvoir les lui prodiguer, prit une gouvernante pour ses nièces.

Quoiqu'Emilie aimât tendrement Elise, son chagrin était pourtant moins cuisant que celui de ses sœurs, car elle n'avait pas à se reprocher d'avoir contribué à son malheur. Je ne me pardonnerai jamais, disait souvent Sophie, d'avoir enfreint les ordres de mon père, et nous sommes d'autant plus coupables de ne pas faire ce qu'il veut, qu'il a plus de bonté pour nous. J'étais l'aînée et je devais avoir plus de raison que les autres ; c'est la pauvre Elise qui est la victime de ma faute. C'était ainsi qu'elle déplorait son imprudence : souvent, abîmée dans ses réflexions, elle tombait évanouie et ne revenait à elle que pour verser un torrent de larmes.

Pendant que toute cette famille se désespérait ainsi vivement à Darnley-Hall, la jeune Elise commençait à trouver son sort moins rigoureux ; elle se pliait avec patience et résignation au nouveau genre de vie qu'elle était obligée de mener.

La femme chez laquelle elle demeurait fabriquait de la dentelle, et Elise avait acquis assez d'adresse dans ce genre de travail, pour se trouver en état de faire tous les ouvrages qu'on lui donnait. Si, par hasard, elle ne pouvait en venir à bout, Sally Buttchell, une de ses compagnes, qui avait environ deux ans plus qu'elle, et avec laquelle elle s'était liée, avait toujours la complaisance de les lui achever.

La maison de madame Bullen n'était qu'à un quart de mille de High-Nycombe. Chaque fois qu'elle y allait, soit pour y faire des emplettes, soit pour se défaire de ses marchandises, ce n'était jamais qu'avant le lever ou après le coucher de ses petites ouvrières, encore avait-elle grand soin de fermer la porte après elle, et de prendre la clé dans sa poche, de sorte que ces pauvres enfans ne trouvaient jamais l'occasion de se plaindre à qui que ce fût.

Pendant une après-dînée du mois d'août qu'il faisait une chaleur excessive, et que tous les enfans étaient à l'ouvrage, madame Bullen avait laissé la porte ouverte pour donner de l'air ; une dame d'un certain âge vint à passer par-là avec un monsieur; ils entrèrent et demandèrent à madame Bullen la permission de se reposer, en lui disant que leur voiture venait de se casser à un mille de là, et qu'ils avaient été contraints de marcher à pied à l'ardeur du soleil.

Madame Montagne qui avait l'âme généreuse, ne put voir sans intérêt tant d'enfans occupés tous à un travail qui exige beaucoup d'adresse. Elle fit à madame Bullen plusieurs questions sur leur compte; mais la confusion et l'embarras de ses réponses, excitèrent la surprise et la curiosité de madame Montagne.

Mon ami, dit-elle en se retournant vers son mari, qui se tenait à la porte pour voir si leur voiture approchait, voilà de bien jolis enfans: cette petite surtout, qui a un signe sous l'œil gauche, est une beauté accomplie. M. Montagne se retourna alors, et considéra Elise de manière à prouver qu'il était de l'avis de sa femme.

Comment vous appelez-vous, mon amie? lui dit-il avec un ton de douceur auquel elle était peu habituée depuis longtemps. Elle devint aussitôt rouge comme du feu, et jeta un coup-d'œil sur sa barbare maîtresse. Celle-ci, craignant d'être trahie, prit la parole et répondit : Elle se nomme Biddy Bullen, monsieur; elle est ma nièce, mais c'est une petite imbécile qui est d'une timidité excessive; elle est toute interdite lorsqu'elle parle à des gens comme il faut. Allez, Biddy, continua-t-elle, allez dans ma chambre à coucher, et vous déviderez le fil qui est sur le dévidoir.

Vous devriez, lui dit M. Montagne, chercher à vaincre cette timidité, en la forçant de répondre aux personnes qui lui font des questions; mais en parlant pour elle, vous ne faites qu'encourager un défaut dont vous vous plaignez. Venez ici, mon enfant, continua-t-il, en voyant qu'elle gagnait déjà l'escalier, venez, n'ayez point peur, et dites-moi votre nom.

La bonté de monsieur Montagne enhardit la pauvre Élise; elle fut à lui, quoique madame Bullen s'efforçât, par ses regards de l'en empêcher. Eh bien! lui dit-il en la caressant, où avez-vous attrapé ce joli signe?

C'est maman qui me l'a donné, répondit Élise en rougissant; mais je ne l'ai jamais vue, ma bonne Chapmann m'a dit qu'elle mourut lorsque je vins au monde.

Votre maman! reprit-il, et comment s'appelait-elle? Darnley, monsieur, reprit-elle; et, se rappelant tout-à-coup la leçon qu'on lui avait donnée, mais moi je m'appelle Biddy Bullen, et voici ma tante.

Darnley! s'écria monsieur Montagne, mais c'est l'enfant que l'on a réclamé, il y a un an passé, dans les papiers publics.

Alors la regardant pour s'en assurer plus positivement : Ce signe ne permet plus d'en douter.

Monsieur Montagne fit aussitôt ses efforts pour s'emparer de madame Bullen; mais elle fut assez adroite pour s'échapper, et sortit par une porte de derrière; on la perdit de vue presqu'aussitôt.

Est-elle enfin partie? se demandèrent aussitôt toutes ces jeunes filles : et lorsque monsieur Montagne leur assura qu'elle l'était en effet, elles firent éclater leur joie de mille manières différentes. Les unes criaient, les autres riaient, d'autres sautaient; enfin jamais il ne se passa de scène plus propre à émouvoir un cœur sensible.

Le carrosse de monsieur Montagne arriva dans ce moment; il envoya son laquais chercher le magistrat de Nycombe; il voulut rester à la maison jusqu'à son arrivée, et pendant ce temps questionner les enfans. Deux d'entre eux avaient été enlevés si jeunes qu'ils n'avaient aucune connaissance de leurs noms ni de leurs famille. Quant aux autres, ils lui donnèrent des détails si clairs, qu'il ne douta plus de la possibilité de les rendre à leurs parens, et de mettre un terme à leur douleur.

Le magistrat ne tarda pas à arriver. Il était accompagné du pasteur, qui, ayant entendu dire au domestique de monsieur Montagne qu'il y avait eu un enfant enlevé, venait offrir ses services. Il prit sous sa protection toutes les jeunes filles, à l'exception d'Élise, car madame Montagne avait tant d'impatience de la rendre à ses parens, que son premier soin fut d'engager son mari à prendre une chaise de poste et à se rendre directement à Darnley-Hall, où ils arrivèrent le jour suivant vers les trois heures de l'après-midi.

Madame Collier était à la fenêtre lorsque la voiture arrêta. Ses yeux se portèrent rapidement sur sa nièce, et elle s'écria avec transport : Ma pauvre enfant ! ma chère Elise !

Monsieur Darnley, qui était à lire, s'élança de son siége, et vola à la porte transporté de joie. Au bout d'un moment il revint avec son Élise qu'il pressait contre son cœur palpitant. Cette heureuse nouvelle fut bientôt répandue dans la maison; les autres enfans accoururent pleins d'impatience pour partager la joie de leur père. Il faudrait, pour exprimer leurs transports, et donner une idée de leur bonheur, une plume plus habile que la mienne; encore pourrait-elle ne les peindre que faiblement, c'est pourquoi j'aime mieux les laisser deviner à mes lecteurs.

De ce moment, les enfans de monsieur Darnley prirent d'un commun accord la résolution d'exécuter strictement ses ordres, et de ne jamais y contrevenir en la moindre des choses.

Monsieur Darnley accabla de caresses monsieur et madame Montagne, et les pressa de passer quelque temps chez lui. Ils eussent accepté ses offres avec reconnaissance, s'ils n'eussent pensé aux pauvres enfans qu'ils avaient laissés à Nycombe, et qui semblaient réclamer leur appui; car telle était la philantropie de monsieur Montagne, qu'il croyait n'avoir rien fait tant qu'il lui restait du bien à faire.

FIN.

TABLE.

La jolie Ferme. 9
Historiettes d'un Ermite. 185
L'Orgueil vaincu par l'Adversité. 185
L'Innocence justifiée et l'Artifice découvert.
   (1ʳᵉ partie.) 220
— (2ᵉ partie.) 237
Les Suites de la Désobéissance. 260

www.ingramcontent.com/pod-product-compliance
Lightning Source LLC
Chambersburg PA
CBHW071254160426
43196CB00009B/1277